倒産法入門
——再生への扉

伊藤　眞
Makoto Ito

岩波新書
1866

はしがき

本書の筆を起こしたのは、令和二年(二〇二〇年)皐月、COVID−19(新型コロナウイルス感染症)の流行拡大期にあたり、規模の大小を問わず、様々な事業体が経営の危機に陥り、また、そこで働く方々が職場を失い、収入の途を閉ざされるという危機意識が忍びよりつつある時期でした。

経済に好不況の波はつきものであり、不況時には、売上げの減少、資金繰りの逼迫、金融の条件悪化という悪循環が始まり、税金、社会保険料などの公租公課、取引先に対する買掛金、従業員に対する給料、金融機関に対する借入金債務など、種々の債務の履行ができなくなり、最悪の場合には、倒産とか、破産と呼ばれる状態に至ります。これは、株式会社などの法人事業者であっても、個人事業者であっても変わりはありません。また、消費者についても、給与の削減や失業などによる収入の減少または途絶、疾病などによる支出の増加などの要因によって家計が破綻状態に陥るおそれがあります。

コロナ不況

特にコロナ蔓延期に緊急事態宣言が発せられていた時期は、個人や団体の行動そのものが制約を受けざるをえなかったワケですから、消費の落込みなどによって事業活動の継続が困難になり、職場を失うことによって収入が途絶する例が多く発生しました。

もちろん、政府や自治体は事業継続資金や生活資金の供給、各種債務の期限延長などを促す様々な政策を実施し、それは一定の効果を上げていますが、感染症そのものは国内にとどまらず、世界各国に拡がっているのですから、経済活動が元に戻るには、相当の期間を要するでしょう。その間に、倒産や破産という不幸な事態が発生することは避けられないと思われます。特に、手持ち資金に余裕のない事業体や家計にとっては、その危険は大きいといわざるをえません。

事業経営者にとっても、従業員にとっても、また消費者にとっても、倒産とか、破産という言葉ほど悪い響きを持つものはありません。できれば、それに無縁でありたいと願うのは当然です。しかし、人間がときに病気にかかることが避けられないのと同様、自らは大丈夫でも、取引先や勤務先が倒産したり、破産したりすることもありますね。不幸にしてそのようなことになったときには、専門家（弁護士）に相談したり、助言を求めるのが一番ですが、制度の仕組みや基本的な考え方について、ある程度の予備知識を持っている方が円滑に事が運ぶと思います。また、直接の関係者でないときであっても、「レナウン、民事再生を申立て」などのニュースに接したときに、民事再生って？　とか、株式はどうなるの？　などの疑問を持たれることがあるでしょう。

本書の意図

本書は、そうした予備知識を備え、疑問に答えるための入門書で、鳥瞰図つまり空高く飛ぶ鳥の目から見た倒産制度の立体図を意識しています。入門書は、とかく平板な解説になりがちですが、専門家向けの三冊の書物（伊藤眞・破産法・民事再生法【第四版】（二〇一八年、有斐閣）、伊藤眞・会社更生法・特別清算法（二〇二〇年、有斐閣）、伊藤眞＝岡正晶＝田原睦夫＝中井康之＝林道晴＝松下淳一＝森宏司・条解破産法【第三版】（二〇二〇年、弘文堂））の真髄部分を抽出したつもりです。

気持ちとしては、鍬形蕙林《くわがたけいりん》（文政一〇年（一八二七年）～明治四二年（一九〇九年））の「大江戸鳥瞰図」にならって、基本原理、関係する主体、実現されるべき目的を組み合わせた３Ｄ図を思い描いていますが、果たして成功していますかどうか。なお、本書では、記述の簡素化のために判例や文献の引用を省いています。より詳しい解説を求められるときには、各所に掲げた右の三冊をご参照賜われば幸いに存じます。

また、法律学専攻以外の学生諸君や法律家ではない社会人の方々を読者として想定していますので、次のことに気をつけています。それは、法律用語、たとえば、別除権《べつじょけん》（本書一四三頁）とか相殺《そうさい》（本書一五四頁）について、紙数の許すかぎりで非法律用語を使って解説していることです。法律家の眼から見ると、やや不正確との指摘を受けるおそれもありますが、本書の性質上お許しいただく以外にありません。

医学用語にも例が多いようですが、法令や法学用語は、文明開化期の翻訳漢字語が出発点となっており、中には、「法律上の正しさ」を意味する「権利」（柳父章『翻訳語成立事情』一五七頁（一九八二年、岩波新書））や、「時の効力」を意味する「時効」（中田裕康「民法の概念の名づけ方」法曹時報七二巻九号一六八四頁（二〇二〇年））のように、一般社会に定着しているものもあるものの、ほとんどは日常生活に無縁であり、それを使いこなすことが法律家の地位《ステータス》の象徴《シンボル》のように受け止めている向きもあるように感じられます。本書では、微力ながら一般の読者にご理解いただけるよう努めましたが、物権と債権の区別（本書三七頁）のように、立ち入った説明を省略しているものもあります。より正確な把握のためには、中田裕康『債権総論 第四版』一九頁(二〇二〇年、岩波書店)のような専門書を参照していただきますよう。

読者の皆様に

知られた会計学者である番場嘉一郎博士(明治四二年(一九〇九年)～平成元年(一九八九年))は、名著『原価計算の手ほどき』(一九六七年、日経文庫)「まえがき」に「入門書は本来、学問の終着駅に近づいた老練の学者の書くべきものです。私も年だけは終着駅に近づいてしまい、ぼつぼつ入門書を手がけてよかろうと考えるようになりました」と述べられています。私は、当時の番場先生の年齢を遥かに超え、とうに終着駅に降り立っていますから、泉下の先生からお叱りを受けることはないでしょう。むしろ、後期高齢者となった時期に、伝統ある岩波新書の一冊を執筆する機会をえたこと、心身の健やかさの拠り所となっている妻・順子、母・千谷子に感謝しています。

机上に一冊の新約聖書があります。七〇年前、常田《ときだ》幼稚園(長野県上田市常田、現・社会福祉法人カルディア会常田保育園)の卒園記念品としていただいたものですが、マタイ伝第七章の一節「門を叩け、さらば開かれん。……門を叩く者は開かるるなり」を想い、本書の題名を『倒産法入門——再生への扉』と致しました。倒産は、事業経営者の場合であれば、従業員、取引先、金融機関など永年お付き合いのあった先に思わぬ不利益を及ぼし、消費者の場合であっても、家庭や周囲の人達に悪影響を及ぼすことが多いでしょう。しかし、それで終わりとするのではなく、門を叩き、扉を推して、立直りの第一歩を踏み出すことが求められるのではないでしょうか。本書が、それを助けるための各種の制度を理解していただく役割を果たすことができれば、著者にとってこれに過ぎる喜びはありません。

最後になりますが、本書の企画段階から編集と校正を経て公刊に至るまでの、岩波書店新書編集部伊藤耕太郎氏の尽力に対し、心より感謝の意を表したいと存じます。

夕暮れの八ヶ岳峻峰群を望み、Charles《チャールズ》 Chaplin《チャップリン》主演「Limelight《ライムライト》」主題曲を奏でつつ

令和二年神無月

伊藤　眞

目　次

目　次

第8章　管財人の強腕《strong arm》――否認権の行使……119

目　次

第1章　倒産とは？

新聞、テレビ、インターネットなどのニュースで事業や生活の危機を示す様々な用語に接することがあると思います。思いつくままに並べてみると、「廃業」、「破綻」、「倒産」、「清算」、「事業再生」、「破産」、「民事再生」、「会社更生」、「私的整理」など、ときには、「第一一章手続（Chapter 11）」（本書一九頁）などという耳慣れない言葉まで登場することがあります。第一一章手続はともかくとして、そのまま意味が伝わるものもありますね。廃業は、事業経営を止めること、破綻は、事業経営や生活が行きづまること、倒産も事業経営が立ちゆかなくなることというのが一般の理解でしょうし、それが不正確というわけではありません。

それでは、清算や事業再生はどうでしょうか。日常的ないい方をすれば、清算は、財産を売却して借金を返済すること、再生は、経営を立て直すことと表現できますが、財産を一部売却して事業を立て直す場合もあるでしょうし、事業自体は継続するとしても、別の経営者に譲渡する場合もあります。というように、清算と再生の境界線は鮮明とはいえないでしょう。

そして、破産、民事再生、会社更生は、法令用語ですし、私的整理も法律上の概念です。もう一歩立ち入って考えてみると、破綻と破産はどのような関係なのか？　①民事②再生と③会社④更生とを比べると、①民事と③会社の関係は？②再生と④更生の違いは？⑤私的⑥整理についてみれば、⑤私的とは、公的と対比されるのか？⑥整理とは、②再生や④更生とは異なるのか？などの疑問が湧いてくるでしょう。

手元不如意《てもとふにょい》

手元不如意という熟語があります。手元とは、手元または手持ち資金、不如意とは、自分の意のままにならないという意味です。つまり、自由になるお金がないとか、足りないという状態を指しています。なぜお金がないと困るのか？なんて問いかけると、笑われてしまうかもしれませんね。「もともと、お金は物々交換の不便さを補う仕組みとして発達したようです。……資本主義社会ではお金がないとなにもできません。日々食べるものも買えませんし、家賃を支払うこともできません」（佐藤航陽『お金2.0』三一、三四頁（二〇一七年、幻冬舎））といわれます。

ここでは、消費者を意識していますが、事業者についても同様ですね。お金がなければ、仕入れもできませんし、電気、水道、ガス料金、従業員に対する給与も払えない、つまり事業活動そのものが始められないし、続けられないのです。

ここでいうお金は、資産とは重なり合うところもありますが、同じ意味ではありません。現金や預貯金、あるいは近頃話題の種になる仮想通貨、社債、株式などは金融資産と呼ばれますが、それともズレがあります。日常で「お金持ち」といえば、多くの不動産や株式を所有している方を思い浮かべますが、ここでお金というのは、商品やサービス（役務）の価値を計る尺度や交換を媒介する機能を持つ貨幣、それと同じ役割を果たす預貯金などを指しています。貨幣のことを流動性と呼ぶのは、商品交換の一般的な媒介という役割があるからともいわれます（岩井克人『貨幣論』一二二頁（一九九八年、ちくま学芸文庫））。

ある企業の「資金繰りがきびしい」とか「資金繰りに行きづまる」との報道は、事業活動を継続するための不可欠な血流である流動性資金が乏しくなっているか、途絶えることを表したものです。このような状態に立ち至ったときに、企業は、輸血つまり金融機関などからの資金の提供を求めることになりますが、その途も閉ざされてしまえば、事業活動を停止するしかありません。これが破綻です。

個人の場合

消費者である個人の生活資金についても、同じことがいえますが、一つ、大きな違いがあります。企業の場合には、破綻すれば廃業するとか、解散によって消滅することになりますが

（会社法四七一条五号、一般社団財団法人法一四八条六号・二〇二条一項五号）、個人は、たとえ経済的に破綻しても、その生存権（憲法二五条一項）が否定されるわけではありません。かつては、債務奴隷とか債務拘禁という、債務を支払えない者を奴隷の身分に落とす、身体拘束をして本人や家族に圧力をかけるなどの制度が存在した国もありましたが（伊藤眞『破産――破滅か更生か』一八頁（一九八九年、有斐閣））、現代には、そのような制度は存在しません。

生活保護などの社会保障は、経済的困窮者を扶助するための制度ですし、破産手続によっても借金の一〇〇％の支払いをすることは通常はありえないわけですから、その後も残る債務についての支払いの責任を免除する破産免責制度（破産法二四八条以下。本書四七頁）は、同様の理念にもとづくものということができます。支払いきれない債務が残ったままであれば、破産後の人生まで債務の重圧を負担し続けなければならない可能性がありますが、免責制度は、その救済のための手段です。

信用供与の光と影

キャッシュ・オン・デリバリーという言葉があります。現金引き換えとか着払いという訳語があてられますが、日常生活の中では、ネットで商品を購入し、代引き、つまり代金の支払いと引き換えに商品を受け取る取引形態がありますね。店頭で商品を購入したり、美容や理容などのサービスを受けたりする場合も同様です。ただ、事業活動についていえば、キャッシュ・オン・デリバリーは例外で、通常は、物やサービスの受取りから一定期間後に代金を支払うのが通常でしょう。これは、事業活動のサイクルを考えれば、合理性がありますね。たとえば、手元に十分な現金がなくとも、商品の仕入れをすることができれば(買掛金の発生)、それを転売したり、それを原材料として製品を生産販売し、その代金(売掛金の発生)をもって買掛金の支払いにあてることができますから、商品の受け取りと代金の支払いとの間に一定の時間差を設けることは、事業活動を拡大するための魔法の杖といってもよいでしょう。

商品の売買だけではなく、事業活動の血流である資金についても同じことがいえます。金融機関から融資を受ければ、金利こそ支払わなければなりませんが、返済期までその資金を使って事業活動を展開することができます。これも、お金という価値の提供を受け、その返済を一定期間後に設定することによって初めて実現できることです。受け取る価値の形態が商品であれ、お金であれ、代金の支払いや融資の返済が一定期間後に設定されることによって、初めてこうした事業活動の展開が可能になります。売主や金融機関の立場からみれば、代金の支払いや融資の返済について一定の期限を設定することは、期限到来時に確実に代金の支払いや融資の返済がなされると信頼することを意味します。これを信用の供与と呼びます。信用の供与があって、仕入↓販売↓資金の取得↓仕入代金の支払い↓仕入↓……、または借入れ↓売上げ↓返済↓借入れ↓売上↓……という事業活動の循環構造が成り立ち、事業の継続や発展が望めるという意味では、光の面ですね。

しかし、信用の供与には影の面があります。法律的な表現を使えば、信用供与をした売主は、買主に対し売掛金債権を、金融機関は、借主に対して貸金債権をもつこととなり、事業者たる買主や借主は、それぞれ買掛金債務や貸金返還債務を負うことになりますが、事業が不調でその債務が履行できない状態になる危険があります。もちろん、その場合には、債権者には、強制的にその債務を履行させる法的手段が用意されていますが、こうした状態に陥った債務者は、特定の債務だけではなく、債務一般を履行できないのが通例です。これが倒産状態です。法律上は、「支払不能」（破産法二条一一項）と定義されています。いいかえると、信用供与の影の面とは、債務者が支払不能になり、債務の履行が危うくなることを意味します。

危機の発生から顕在化を経て再生または倒産へ

マスメディアの報道ですと、A社の破産手続が開始したとか、B社が民事再生の申立てをしたとか、倒産という出来事が突然に生じたように感じる方が多いと思います。しかし、ヒトの病気と同様に、危機はジワジワと進行し、経営者の様々な努力にもかかわらず、それが回復不能にまで立ち至ったときに、表面化し、広く報道されるというのが、通常の順序です。もっとも、かつての阪神・淡路大震災、東日本大震災とか、最近のCOVID-19(新型コロナウイルス感染症)のように、それまでは堅調な経営を続けていた企業が突発的に危機に陥り、倒産するという不幸な出来事もありますが、それはあくまで例外的な現象です。

第一ステージ——自助努力

売上不振を認識したときから、経営者は、経営の合理化などの検討を始めるとともに、主力金融機関からの金融支援、つまり既存融資の期限などの条件変更や新規融資の検討を始め、必要に応じて交渉を行います。そして、経営改善策が功を奏し、金融支援が実現すれば、危機を脱出することができます。これを第一ステージと呼ぶことにしましょう。

しかし、常に第一ステージで破綻が回避できるとは限りません。経営の合理化といっても、それによって収益力が回復する裏付けが必要ですし、それがハッキリしなければ金融支援も見込めないでしょう。なお、第一ステージでは、金融機関の分類で「要注意先」とされることはあっても、その事実が公開されることはありません。倒産というレッテルが貼られ、仕入先などから取引を打ち切られる心配はないでしょう。

第二ステージ――私的整理

そこで、第二ステージに入ることが必要なときが出てきます。第一ステージと第二ステージの違いは、合理化案の作成や検証、金融機関との交渉について債務者（経営者）以外の者が関与することです。私的整理と呼ばれるのは、この第二ステージです。債務者（経営者）以外の者の種類としては、弁護士などの専門家が経営者からの依頼を受ける場合と、公的機関が関与する場合とがあります。「公的機関」とはやや微妙な表現ですが、「公の機関」と区別するために使っています。ここでいう公の機関とは、国の機関である裁判所を意味します。後に出てくる破産、民事再生、会社更生、特別清算は、いずれも裁判所が最終的な手続遂行の責任を負う手続です。私的整理と対比させてこれらの手続を法的整理と呼びますが、手続の進め方が法律に定められているという意味です。

このように説明すると、「公的機関」が関与する私的整理とは？という疑問を持たれると思います。公的機関の例としては、事業再生実務家協会（事業再生ＡＤＲ）、中小企業再生支援協議会、地域経済活性化支援機構などがありますが、いずれもその設立や運営の準則について法律に根拠があります。それにもかかわらず私的整理に分類されるのは、これらがいずれも民間の団体であって、国の機関ではないこと、手続に参加するかどうか、返済期限の変更や債務の免除に応じるかどうかは、債権者たる金融機関などの判断に委ねられ、法的な強制は働かないことによるものです。これらの機関が関与する私的整理を「制度化された私的整理」とか「準則化された私的整理」と呼び、弁護士が事業者から依頼を受けて行う「純粋私的整理」と区別するのは、このような理由からです。

なお、事業価値を維持するという目的から、手続に参加するのは、金融機関に限ることが多く、取引先債権者は手続に巻き込まず、従来通りの支払いと取引関係を維持することが多いようです。

(ア)整理とは?

整理とは、日常的な表現でいえば、「片付ける」ことですね。ここでいう整理も同じです。片付ける対象は、債務です。多様で多額の債務を片付けるには、どうしたらよいのでしょう。ここでは金銭債務を想定しますが、一番簡単な方法は、支払って、債務を消滅させることですね。ただ、手持ち資金が十分でない状況では、支払いは容易ではないでしょう。その場合には、不動産などの資産を売却し、その代金を支払にあてることも考えられます。それでも債務が完済できないときは、どうすればよいのでしょうか。債務の支払いをまけてもらったり（免除）、支払期限を先延ばしにしてもらう（猶予）しかありませんね。

整理とは、①債務の片付けを目的とし、②資産の売却などによって支払資金を調達し、③債務を支払い、④それでも残る債務について免除や猶予をうることによって、⑤債務負担を消滅させ、または軽減する行為を意味します。

（イ）私的とは？

私的整理とは、そのような意味での整理を国家機関である裁判所が関与することなく、私人、つまり債務者自身か、その代理人である弁護士が行うことを意味し、裁判所が関与して行う法的整理と対比して用いられます。これを純粋私的整理と呼びます。純粋というのは、債務者やその代理人が整理の主体であり、第三者が関与しないという意味です。ただし注意しなければならないのは、九頁に述べたように、「公的機関」が関与する整理も、それが国家機関ではないという理由から、私的整理の一種と分類されることです。

いずれにしても、純粋私的整理はもちろん、一〇頁の各種団体が手続遂行の主体となる制度化された私的整理であっても、危機を救済するための方策、つまりリスケ（リスケジューリング）と呼ばれる債務の返済期限の繰延べや債務の一部免除、債務の株式への振替えなどは、すべて債権者と債務者との合意、いいかえれば、債務者や手続遂行主体の提案に応じるかどうかは、それぞれの債権者の自由な意思に委ねられます。それは、債権者の多数決や裁判所の裁判によって意に反する権利変更を強いられることはないという意味です。これは、法律に特別の規定が設けられていない限り、いかなる個人や団体（法人）も、その意思に反して自らの権利の変更を強いられることはないとの基本原理の表れということができます。

（ウ）費用の発生

もう一つ、重要なことは、債務者以外の者が関与する以上、それが代理人の弁護士であっても、九頁の諸団体であっても、その活動の費用や報酬を負担しなければならないことです。その金額は、事案によって差違がありますが、事前にウェブサイトで確認したり、個別に問い合わせる必要があります。これは、後に述べる法的整理、つまり、破産、民事再生、会社更生でも同じことですが、第一ステージと異なって、助けを借りて窮境を打開するためには、そのために一定のお金を準備しておかなければならないわけですね。もっとも、個人の場合には、日本司法支援センター（法テラス）による援助がありますが、その点については、四四頁で説明します。

（エ）外部への開示

私的整理に入ったという事実は、金融機関などの関係者を除けば、外部に開示されないのが原則です。この点も破産などの法的整理とは異なる点です。もっとも、公的機関による私的整理の場合には、不正確な情報が取引先などに風評として流れ、かえって不安を呼ぶことを防ぐために、進んで公表することもあるようです。また、事業者が上場企業の場合には、取引所の規定との関係で適時開示が求められます。

第三ステージ――法的整理

第三ステージは、裁判所が関与して行う手続で、法的整理と呼ばれます。もっとも、「法的」という用語は、第二ステージでみたように、法律上の根拠を持つ準則型私的整理や制度化された私的整理が広く行われている現在では、やや不正確かもしれません。むしろ、「裁判上の整理」と呼ぶ方がよいのでしょうが、定着していますので、本書でも法的整理という言葉を使います。

もう一つ注意していただきたいのは、第一ステージはともかく、第二ステージと第三ステージとの間には、必ずしも時間的な先後関係、つまり第二ステージの私的整理が成功しなかったときに第三ステージの法的整理に移行するという関係があるわけではないことです。もちろん、そのような移行形態もみられますが、債務者や代理人の判断で、私的整理を試みることなく、直ちに法的整理の申立てをすることもあります。事業再生の見込みや方向性について債権者間に意見の対立があり、第二ステージの私的整理では合意が成り立ちそうもないと考えられる場合などです。

（ア）法的整理の特徴

「整理」の意味は、私的整理についてお話ししたのと同様です。「法的」の意味は、裁判所が主宰して行う手続であることは、九頁に記したとおりですが、主宰の内容をもう少し詳しく解説しましょう。

主宰とは、手続の遂行が裁判所の権限と責任に属するという意味です。具体的には、手続の開始や終了、あるいは権利の変更などを裁判によって行い、その間の手続進行にも裁判所が関与することを意味します。もちろん、次に述べるように、すべての事項を裁判所が直接に行うわけではなく、手続遂行機関と呼ばれる破産管財人、再生債務者、再生手続の管財人（本書では、再生管財人と呼びます）、更生手続の管財人（本書では、更生管財人と呼びます）が中心となって手続を進め、裁判所は、それを監督するという場面が多いのですが、手続の節目となる事項に関しては、裁判所が直接に判断する仕組みがとられていることが、法的整理の特徴です。

もっとも、裁判所が監督するといっても、公開の法廷で破産管財人などとのやりとりが行われるわけではなく、必要に応じて破産管財人などが担当裁判官に対して情報を提供し、協議し、指示や判断を求める形になります。なお、事件数が多い東京地方裁判所や大阪地方裁判所などでは、法的整理を扱う専門部（東京地裁民事第八部（会社更生・特別清算）、民事第二〇部（破産・民事再生）、大阪地裁第六民事部（会社更生・破産・民事再生・特別清算）など）が設けられています。

（イ）法的整理の種類

現在、わが国において倒産に関連して施行されている法的整理には、破産（破産法・破産規則）、民事再生（民事再生法・民事再生規則）、会社更生（会社更生法・会社更生規則）、特別清算（会社法・会社法施行令・会社法施行規則など）の四種類があります。もっとも、破産法、民事再生法、会社更生法の三つは、倒産に特化した法律ですが、会社法およびそれに付属する政令や省令は、会社の運営全般にかかる法令であり、特別清算は、その一部です。

さて、四種の法的整理は、その目的、債務者の属性、手続構造という三つの視点から分類することができます。

(i) 目的　目的からみると、清算型と再生型とに分けることができます。清算とは、一方で、債務者の資産を金銭化（売却）し、他方で、債権もすべて金銭債権に転換し、債権者に分配（配当）することをいいます。事業者の場合ですが、解体清算などという言葉がつかわれるのも、事業の運営のために一体となっている資産を解体し、それぞれを売却してえられた金銭を債権者に分配するからです。四つの手続中では、破産と特別清算が清算を目的とする手続です。

これに対し、再生とは、事業者であれば事業用資産、消費者であれば、生活用資産を保持させながら、期限を変更したり、一部を免除して債務負担を軽減した上で、事業収益や個人収入を債務の返済にあてる手続です。事業の再生や個人の経済生活の再生を目的とするところから、再生型と呼ばれます。民事再生と会社更生がこれに属します。

もっとも、清算型と再生型との境界線には、かなりの幅があります。清算型の破産でも、事業用資産を解体することに代えて、それを一体として維持したままで第三者に事業譲渡し、その代金を債権者に分配する方式がとられることがあります。第三者に経営権は移転するものの、事業についてみれば、解体清算ではなく、再生が図られるといってもよいでしょう。特別清算についても同様です。逆に、民事再生や会社更生でも、事業譲渡、会社分割、合併などの手法によって第三者が新たな経営者となり、その後は、事業譲渡や分割、合併の対価を債権者に分配して、再生会社や更生会社を消滅させることも少なくありません。解体でこそありませんが、再生型手続を用いて清算を行っているとみることもできるでしょう。

(ii) 債務者の属性——立法の沿革

債務者の属性からみると、限定のない手続(無限定型)と限定された手続(限定型)とに分けることができます。限定のない手続とは、債務者が個人であれ、法人であれ、消費者であれ、事業者であれ、その属性に関わりなく利用できるもので、破産と民事再生がこれに分類されます。これと比較して、会社更生と特別清算は、その利用資格が株式会社に限定された手続です。これは主として歴史的な理由によるものです。

立法の沿革からいうと(伊藤・破産法・民事再生法六二頁以下)、明治期以前にも「身代限」と呼ばれる破産類似の手続などが存在しましたが、近代法典としては、破産法がもっとも古く、主として当時のフランス商法を参考とした明治二三年(一八九〇年)の旧商法破産編(商人を対象)と家資分散法(非商人を対象)から始まり、大正一一年(一九二二年)になって、当時のドイツ破産法を参考とした旧破産法が制定されました。同時に、再生型手続として当時のオーストリア和議法を参考とした和議法が制定されています。これらは、いずれも無限定型です。その後、昭和一三年(一九三八年)の商法改正にともなって、株式会社に関する会社整理と特別清算の制度が新設されました。これは、株式会社のみに適用されたわけですから、限定型でした。

なお、近代破産法などの制定については、当時の立法者がフランス法、ドイツ法、オーストリア法などを参考にしたと申しましたが、経済的な破綻に陥り、支払能力の不足が明らかになった者に対して、債権者に対する平等な弁済を行うための手続は、古くローマにまでさかのぼるといわれ、それがヨーロッパ各国法やアメリカ法の源といわれます。ただし、ローマの時代はもちろん、近代法も、思想としては、平等な権利実現という債権者利益指向型(creditors oriented)であり、債務者の事業や生活の再生を図るという債務者利益指向型(debtor oriented)の思想が強調されるようになったのは、比較的近年のことといってよいでしょう。わが国でも、債務者利益指向型の会社更生や破産免責の制度が確立されたのは、戦後のアメリカ法の影響を受けたものです。

そして戦後になって、昭和二七年（一九五二年）に旧会社更生法が制定されましたが、これは株式会社にのみ適用される限定型でした。この時点では、無限定型としての破産、和議、限定型としての会社整理、特別清算、会社更生が並立し、倒産五法と通称されていました（金融機関等の特例については、伊藤・破産法・民事再生法四二頁注六六）。

この状況を変えたのが、平成八年（一九九六年）から開始された倒産法の全面改革で、その結果として、破産法と民事再生法という無限定型、会社更生法と特別清算という限定型の四本立ての制度が成立したのです。これを複数法典型と呼びましょう。

もっとも、倒産法制としてこのように複数の法令が並立するのは、比較法的にみると、必ずしも一般的ではなく、アメリカ合衆国の連邦倒産法典、ドイツ連邦共和国の倒産法典、フランス共和国の倒産法典のように、清算型と再生型、限定型と無限定型とを合わせた統一法典を持つ国の方が多いようです（各国の法制については、伊藤・破産法・民事再生法六七頁注一一二）。これを統一法典型と呼ぶことにします。本章冒頭に触れた第一一章手続とは、合衆国の連邦倒産法典第一一章を意味し、わが国でいえば、民事再生と会社更生とを合わせた再生型で無限定型の手続に相当します。ちなみに、同法典第七章は、わが国の破産法に相当する手続です。

(iii) 手続構造その一——DIP型と管財人型

一四頁「法的整理の特徴」の中で、法的整理を裁判所が主宰する手続と説明しましたが、裁判所の役割は、手続の開始や終了などの裁判、手続の遂行についての監督などが中心であり、財産の換価(売却)、債権の調査、配当、再生計画や更生計画の立案など、手続の遂行主体自体は別に存在します。ここでいう手続構造とは、誰が手続遂行主体になるかに着目したもので、DIP型と管財人型とに分けられます。DIPとは耳慣れない言葉ですが、Debtor in Possession(占有債務者)の短縮形で、一九頁に述べた連邦倒産法第一一章から一般化した概念です。わが国でもこれを用いて、手続開始前の債務者が、裁判所などの監督を受けながら開始後の手続遂行主体になる制度のことをDIP型と呼んでいます。

これに対して管財人型とは、手続開始とともに第三者(弁護士)が裁判所によって管財人に選任され、手続遂行主体になる制度を意味します。

この視点からみると、破産と会社更生は管財人型、民事再生と特別清算はDIP型と分けることができます。破産法七八条一項、会社更生法七二条一項、民事再生法三八条一項、会社法五二三条がそれを規定しています。

もっとも、清算型と再生型の区分と同様に、DIP型と管財人型の区分にも交錯領域があります。DIP型の民事再生でも、管理型民事再生、つまり再生債務者の手続遂行が妥当でないと判断するときは、裁判所が管財人を選任することが認められていますし（民事再生法六四条一項・二項）、管財人型の会社更生でも、手続開始前の経営者を管財人に任命するDIP型会社更生と呼ばれる実務運用がみられます（伊藤・会社更生法・特別清算法三、六〇、一一四頁）。DIP型は、従前の経営者の資質や能力、取引先との人的関係などを生かせる反面、職務の適正な遂行に不安があり、管財人型は、中立、公正、適正な職務遂行に対する信頼は確保されているものの、不採算部門を縮減し、採算部門の収益性を向上させ、あるいは新たな事業モデルに転換するための経営手腕などに対する不安がいわれることもあり、管財人型民事再生やDIP型会社更生は、事業経営に長けた者と中立・公正な立場の法律家（弁護士）を組み合わせ、そのような不安に対処するための手段です。

手続遂行主体＼目的	清算	再生
DIP	特別清算	民事再生 会社更生（DIP型）
管財人	破産	会社更生 民事再生（管財人型）

(iv) 手続構造その二――複数手続型と単一手続型

これは、清算型と再生型という目的の違いや、DIP型と管財人型という手続構造の差異が存在する各種の倒

法典の姿＼入口の扉	複数	単数
複数	日	米，韓
単数	╳	独，仏

産手続の入口を一つにするか、それとも複数の入口を分けるかという視点からの区別です。わが国の倒産法制の概要は、(ii)で説明しましたが、債務者は、事業者の場合には、事業を継続するのか廃止するのか、非事業者の場合には、資産を保持したまま将来の収入で弁済を行うのか、それとも資産を売却されても将来の収入は自らの生活資金として確保するのかなど、自らの判断でいずれかの手続を選択するのが原則です。複数の選択肢が保障されているという意味で、これを複数手続型と呼びます。これと比較して、倒産手続の入口を一つにして、その債務者が再生に適するか、清算が妥当か、あるいはＤＩＰ型で手続を進めるべきか、管財人を選任するかの判断を裁判所に委ねるのが単一手続型です。

　少し分かりにくいのが、(ii)に述べた複数法典型と統一法典型の区別と、ここでいう複数手続型と単一手続型の区別との関係です。わが国のような複数法典型の法制においては、複数手続型になるのが自然ですが、統一法典型であっても、合衆国の連邦倒産法は、複数手続型で、債務者は、清算(第七章)か再生(第一一章)かなどを選択できることが保障されています。これに対して同じく統一法典型であるドイツ倒産法やフランス倒産法は、単一手続型です。図示すれば、このような形になります。

複数手続型と単一手続型とを比べると一長一短があるといわれます。複数手続型の長所は、債務者の選択権の保障です。危機に陥った事業体の経営者としては、再生を願い、かつ、自己が経営権を保持する目的でＤＩＰ型である再生型を選択することもありましょうが、単一型においては、裁判所の判断で管財人が選任され、かつ、清算型の手続が進められる可能性があるので、申立てをためらわざるをえない状況も生まれるでしょう。単一手続型の長所は、その債務者に最適の手続を裁判所が選択できることでしょうが、それが逆に手続利用を制約する結果になりかねないことは、右に述べた通りです。

ただし、わが国や合衆国のように複数手続型を採用する場合には、手続相互間の移行に関する規定を設ける必要があります。民事再生や会社更生が成功しなかったときに破産手続に移行するのが代表例ですが、規定の内容は複雑ですので、ご関心があれば、伊藤・破産法・民事再生法一二一一頁以下や伊藤・会社更生法・特別清算法七六〇、九六七頁以下を参照してください。

(ｖ) 手続構造その三――当然開始型と裁判開始型

法的整理の開始は、債務者や債権者などの申立てにもとづくのが原則です（破産法一八条一項、民事再生法二一条、会社更生法一七条、会社法五一一条)。債権者の申立ては、債務者の意思に反してでも手続を開始させようとするものですから、開始原因(破産法一五条一項・一六条一項、民事再生法二一条一項、会社更生法一七条一項、会社法五一〇条)、つまり手続を開始すべき理由があるかどうかを裁判所が判断することになりますが、債務者が自ら手続の開始を求めている場合にまで手続開始の裁判を要するかということになりますと、考え方が分かれるところです。ここでいう当然開始型とは、債務者自身の申立ての場合には、裁判を要しないで手続を開始するという制度、裁判開始型とは、その場合であっても、裁判所の裁判があってはじめて手続を開始するという制度と理解してください。

たとえば、先ほど紹介した米国連邦破産法第三章三〇一条(a)項は、「本法における各章の手続は、各章の債務者となりうる者が破産裁判所に申立てをすることによって開始する」(筆者訳)と定めています。債務者の申立てによって手続が開始するのですから、当然開始型で、裁判所による開始の裁判は不要です。

これに対して、わが国の法的整理は、たとえ債務者の申立てにもとづく場合であっても、開始決定という形で裁判所の判断を経て、はじめて手続が開始するという裁判開始型です(破産法三〇条一項、民事再生法三三条一項、会社更生法四一条一項、会社法五一四条)。裁判所の判断の対象事項は、破産の場合であれば、支払不能または債務超過という手続開始原因にあたる事実があるかどうかと、手続の開始を妨げる特別の事情があるかどうかの二つです。

当然開始型と裁判開始型には、一長一短があります。当然開始型の長所は、なんといっても迅速に手続が開始することで、そのことが債務者の積極的な申立てを促すという副次的な効果もあるでしょう。裁判開始型の長所は、裁判所の判断が介在するために濫用的な手続利用を防げることでしょうか。ただし、そのために、申立てから手続開始まで一定の時間が経過することが避けられず、その間の財産保全措置や債権者による個別的な回収行為を抑止するなどの措置が必要になります。もっとも、消費者破産のように、資産や負債の内容が複雑ではなく、かつ、申立代理人の調査が信頼できるものであれば、申立てにもとづいて即日に手続開始決定をすることもありえますが、ある程度の規模以上の事業者破産の場合には、そのような扱いは難しいでしょう。実務上は、円滑に手続を開始するために正式の申立ての前に裁判所との事前相談がなされることが多いようです（伊藤・破産法・民事再生法四五、八三四頁、伊藤・会社更生法・特別清算法五八頁）。

裁判開始型であるわが国の法的整理では、申立てから開始決定までの間の保全措置が不可欠です。それは、債務者を相手方として債権者に対する弁済や財産の処分を裁判所が禁止する財産保全処分と、債権者を相手方として強制執行などの中止や禁止を命じる命令とに分けられます（伊藤・破産法・民事再生法一四九、八三六頁以下、伊藤・会社更生法・特別清算法六〇、八二六頁以下）。また、個別的な保全処分や中止命令等では不十分と判断するときには、保全管理命令（破産法九一条、民事再生法七九条、会社更生法三〇条）や包括的禁止命令（破産法二五条、民事再生法二七条、会社更生法二五条）のように債務者の財産管理処分権そのものを剥奪したり、債権者全体を対象にして強制執行などを禁止することも可能です。

第2章　総財産と総債権の清算？

——破産

第1章に述べたとおり、倒産または倒産に瀕した状態に対処するために様々な手段が用意されています。私的整理と法的整理、再生型と清算型、DIP型と管財人型など、各手続の基本的な性質は説明しましたが、本章から第5章では、それぞれの骨格を述べることとします。

破産は、法的整理の中で清算型手続を代表する制度であるというだけではなく、わが国でも明治期に確立され、現代まで、諸手続の基底となっているといって差し支えありません。そのことは、平成三〇年(二〇一八年)でも八万件を超える事件数に表れています。ここでは、いくつかの特徴に焦点を当てて、読者の方々に破産手続が現代の経済社会で果たしている役割を理解いただこうと思います。

1　破産の烙印?

破産! なんという悪い響きを持つ言葉でしょう。bankruptcyをもとにした明治期の造語といわれますが、すっかり社会に定着していますね。誰かを指して「人格的破産者」などといえば、怒りを買うだけではなく、名誉毀損で訴えられかねませんね。それにもかかわらず、なぜ破産者という概念が法律に規定されているのでしょうか。

破産法二条四項は、破産者を「債務者であって、第三十条第一項（破産手続開始決定—筆者注）の規定により破産手続開始の決定がされているものをいう」と定義しています。つまり、本来は債務者なのですね。第1章の「信用供与の光と影」に述べたとおり、現代社会において債務を負っていない人は例外でしょうから、債務者という言葉は、侮辱的な印象を与えるものではありませんね。破産手続開始決定はどうでしょうか。旧破産法では、破産手続を開始する裁判を意味する言葉として、「破産宣告」が使われていました。しかし、刑事訴訟法三四二条でも判決の「宣告」という用語が用いられ、宣告には断罪の響きがつきまといます。

実は、破産者や破産宣告という用語の背後には、懲戒主義、つまり破産することは、債務の履行を怠る悪行であり、破産者の財産を破産管財人の管理に移し、債権者に分配することによって債務者を懲らしめなければならないという思想があったのです。一八頁で述べたように、旧破産法に破産免責制度が導入された昭和二七年（一九五二年）以後は、懲戒主義が強調されることこそなくなりましたが、底流としては存在していました。そこで、現行破産法（本書一九頁）の立法者は、宣告の用語が不必要に懲戒的色彩を持つところから、これを「開始決定」という中立的な表現に改めました(伊藤・破産法・民事再生法八二頁注二)。しかし、立案段階で議論はありましたが、破産と破産者という用語は残ったのです。

私は、破産者の名称を止め、それに代えて、「清算債務者」の用語が適当かと思いますが(伊藤・破産法・民事再生法二四三頁注一一三)、近い将来においてそれが実現する見込みは高くないと感じています。なお、一九頁で紹介した合衆国連邦破産法(一九七八年制定)では、それ以前のbankrupt(破産者)の呼称をdebtor(債務者)に改めています。

2　清算の範囲――破産財団の意義

清算とは、手続遂行主体たる破産管財人が破産者の資産を金銭化し、同じく金銭化した債権に対する配当を行うことを意味しますが、実は、金銭化される資産の範囲についても、次に述べるような限定があります。

破産財団の範囲――固定主義と普及主義の原則

財団とは、一定の目的のために存立する財産の集合体を意味します。著名なものでは、ノーベル財団などがありますね。破産財団とは、破産手続の目的、つまり「適正かつ公平な清算を図る」（破産法一条）ための債務者の財産の集合体を意味します。より具体的には、破産法二条一四項に定義規定があります。細部を省略すると、そこでは、「破産者の財産……であって、破産手続において破産管財人にその管理及び処分をする権利が専属するものをいう」と規定しています。この規定だけをみると、破産者の財産は、すべて破産財団に含まれ、破産管財人の管理下に置かれるように思えますが、もう一つ重要な規定があります。破産法三四条一項が「破産者が破産手続開始の時において有する一切の財産（日本国内にあるかどうかを問わない。）は、破産財団とする」と規定するのがそれです。

（ア）固定主義の原則

つまり、破産財団、破産管財人の管理下に置かれる破産者の財産の範囲は、「破産手続開始の時において有する一切の財産」なのです。これを裏返せば、破産者が破産手続開始後に取得する財産は、破産財団に含まれず、破産者が自由に管理処分できることを意味します。破産手続開始後に新たに破産者が取得する財産という意味で、新得財産と呼ばれます。破産手続開始後の労務の対価である給料などが代表的なものですが、破産財団の範囲を破産手続開始時の破産者の財産に固定するという趣旨から、固定主義と呼ばれます。これと対比される原則は膨張主義と呼ばれ、破産手続開始後に破産者が取得する財産も破産財団に組み込む原則ですが、旧破産法から現行破産法まで固定主義が採用されている理由は、お分かりいただけると思います。

法人の場合には、破産手続開始によって消滅する運命にありますから、固定主義か膨張主義かはあまり違いを生じませんが、個人の場合には、経済生活の再出発を保障するためにも、破産手続開始後に破産者が取得する財産は、その自由な処分に委ねるという固定主義が大きな役割を持っています。

（イ）固定主義の限界

もっとも、何が破産手続開始時において有する財産にあたるかという問題にまで立ち入ると、難しい問題が出てきます。それは、破産法自体が「破産者が破産手続開始前に生じた原因に基づいて行うことがある将来の請求権は、破産財団に属する」（三四条二項）という例外を設けているからです。ここでいう将来の請求権とは、成立の原因は破産手続開始前にあるが、現実に発生するのは、破産手続開始後に一定の事実が生じた時であるような請求権を指します。具体的には、保険契約が破産手続開始前に締結され、開始後に保険事故が発生した場合の保険金請求権、破産手続開始前から雇用関係が継続しており、開始後に退職した場合の退職金請求権などが問題となりますが、これらの請求権は、ここでいう将来の請求権として破産財団に組み込まれるという考え方が一般的です（伊藤・破産法・民事再生法二五五、二五六頁）。

もう一つ、固定主義に関して注意しなければならない問題があります。それは、固定主義の制限ともいうべきもので、個人破産者を保護するために必要最低限の家財や生活資金は、たとえ破産手続開始時において有する財産であっても、破産財団に組み込まず、破産者の自由な管理処分に委ねる制度で、自由財産と呼ばれます（破産法三四条三項）。給料等の債権や年金についても、差押禁止とされている部分に限り、自由財産となります（破産法三四条三項、民事執行法一五二条一項、国民年金法二四条、厚生年金保険法四一条など）。加えて、破産者の生活の状況などを考慮して、裁判所がその範囲を拡張することも認められています。これについても、細かな問題が多いのですが、詳細については、伊藤ほか・条解破産法三一九頁を参照してください。

（ウ）普及主義——国際破産の規律

これは、三一頁に引用した破産法三四条一項のかっこ書「（日本国内にあるかどうかを問わない。）」の趣旨を表したものです。破産者の有する財産である限り、日本国内にあるか（国内財産)、外国にある財産(外国財産)であるかを問わず破産財団に組み込むのは当然のことであり、なぜ、わざわざこのようなかっこ書を挿入しているのかを不思議に感じられることと思います。その疑問を解くカギは、平成一二年改正前の旧破産法三条一項「日本ニ於テ宣告シタル破産ハ破産者ノ財産ニシテ日本ニ在ルモノニ付テノミ其ノ効力ヲ有ス」の規定にあります。カタカナ文語体ですから分かりにくいかもしれませんが、趣旨は、日本の破産手続の効力は国内財産についてのみ効力がある、いいかえれば、外国財産は、破産財団に含まれないことをいっています。これを属地主義といいます。

旧破産法が平成一二年改正によって属地主義を捨て、普及主義に転換し、それが現行破産法三四条一項かっこ書に引き継がれているワケですが、事業活動のみならず、個人の財産保有の形態も国際化していることを考えれば、属地主義から普及主義への転換の理由も理解いただけると思います(伊藤・破産法・民事再生法二六七頁以下)。普及主義の下では、日本の裁判所で破産手続開始決定を受けた破産者がハワイ州(アメリカ合衆国)に持つ別荘も破産財団に含まれることになります。

以上に述べたのは、日本の破産手続の外国財産に対する効力ですが、国際破産には、もう一つの側面があります。それは、外国破産の国内財産に対する効力です。たとえば、合衆国連邦破産法第七章の破産清算手続が開始されたとき、アメリカの管財人は、日本にある財産を管理処分できるのでしょうか。これが外国破産の対内的効力と呼ばれる問題です。前頁に引用した平成一二年改正前の旧破産法三条二項は、「外国ニ於テ宣告シタル破産ハ日本ニ在ル財産ニ付テハ其ノ効力ヲ有セス」と規定していました。日本で開始した破産手続について属地主義をとる以上、外国で開始した破産手続についても国内財産に対する効力を否定するという形で、属地主義を徹底したのです。

しかし、旧破産法の平成一二年改正ではこの規定を廃止し、属地主義を廃棄し、現行破産法もそれを引き継いでいます。もっとも、分かりにくいのは、外国破産の日本国内における効力については、当然にそれを承認するのではなく、「外国倒産処理手続の承認援助に関する法律」と同「規則」を制定し、わが国の裁判所が承認決定をすることを条件として初めて国内における効力を認めるとの制度を作ったことです。属地主義自体は廃棄しましたが、当然に外国破産の国内における効力を認めるのではないのですから、制限された普及主義とでもいうべきでしょうか。あるアメリカ法人(ニューヨーク州法にもとづいて設立)についてアメリカ合衆国の連邦破産裁判所で連邦破産法第七章手続(破産手続)が開始すれば、管財人は、日本の裁判所の承認決定をえて、日本にある事業所の財産などを管理処分することができます。

なお、破産管財人としては、破産財団に属すべき破産者の財産の内容や現状を把握するのが初動の仕事になります。そのためには、破産者や破産手続開始申立人からの情報をうることが重要です。破産者等の説明義務(破産法四〇条)、重要財産開示義務(破産法四一条)、破産管財人による破産者宛て郵便物等の管理(破産法八一条)や開披(破産法八二条)、帳簿や書類の調査等に関する破産管財人の権限(破産法八三条)は、そのための規定です。

また、注意しなければならないのは、破産財団に属すべき財産を隠したり、説明を拒んだり、虚偽の説明をする行為は、破産犯罪として処罰の対象になりますし(破産法二六五条以下)、個人破産者の場合であれば、免責不許可の理由(破産法二五二条一項。本書四九頁)や免責取消しの理由になります(破産法二五四条一項)。在外財産はもちろんですが、破産手続が開始されたときは、破産者は、破産管財人に隠すことなく情報を提供することが真の立ち直りにつながるといってよいでしょう。

3　破産債権

破産財団を換価、つまり金銭化し、破産管財人が配当を実施する対象となるのが破産債権です。これについても、破産法二条五項が定義規定を設け、「(1)破産者に対し(2)破産手続開始前の原因に基づいて生じた(1)財産上の請求権……であって、(3)財団債権に該当しないものをいう」(傍線及び符号は筆者による)と定めています。この規定の中にいくつかの要件が含まれているので、以下にそれらを分けて説明します。

(1) 破産者に対する財産上の請求権

破産手続の第一次的目的は、破産者(債務者)の財産の適正かつ公平な清算を図ることですから(破産法一条)、配当を通じて破産財団の分配を受けるのは、破産者に対する権利をもつ者でなければならず、しかもその権利の内容は、財産の分配を求めるものであることを予定しています。法律上の概念に立ち入った説明になりますが、財産または財産的利益にかかる権利として、物権と債権という区別があります。物権とは、目的物または目的物の価値を直接に支配する権利、たとえば所有権や抵当権がこれにあたります。債権とは、債務者に対して一定の行為、たとえば、金銭の交付や物の引渡しを求める権利です。それを前提とすると、破産者に対する請求権とは、破産者に対する債権といいかえても差し支えありません。なお、破産財団所属財産について所有権を持つ者は、取戻権(破産法六二条)を行使して、目的物を取り戻し、抵当権を持つ者は、別除権（破産法六五条。本書一四三頁）を行使し、優先的な満足を受けることができます。

そして、破産者に対する請求権は財産上のものでなければなりません。財産上とは、財産的な利益の交付や移転を破産者に求める権利を意味し、金銭支払請求権が代表的なものですが、それ以外にも物の引渡請求権、あるいは各種施設の利用権なども含まれます。財産上の請求権に含まれない請求権としては、人格権にもとづく差止請求権や身分関係上の請求権などがいわれますが、離婚の際の財産分与請求権（民法七六八条）や扶養請求権（同八七七条以下）など、微妙なものもあります（伊藤ほか・条解破産法三三頁）。

（2）破産手続開始前の原因にもとづく請求権

これは、分配の対象となる破産財団を破産手続開始時の破産者の財産に限定することと対称関係にあります。つまり、破産財団の価値を分配する相手方は、破産手続開始前の原因にもとづいて成立した債権者に限るという法理です。ただし、注意しなければならないのは、ここで基準となっているのは、発生の原因であって、その額が確定しているとか、履行期が到来しているなどの必要はありません。たとえば、破産手続開始前に破産者が起こした交通事故（不法行為）にもとづく損害賠償請求権は、その損害が破産手続開始後に確定する場合であっても、破産債権として取り扱われます（詳細は、伊藤・破産法・民事再生法二八〇頁以下）。

また、破産者に対する財産上の請求権には、金銭の交付を求める請求権つまり金銭債権だけではなく、物の交付や役務（サービス）の提供を求める請求権つまり非金銭債権も含まれます。しかし、非金銭債権のままでは、換価（金銭化）された破産財団を原資とした配当ができません。もっとも、換価しないままに物を分配すればよいのではとの疑問もあるでしょうが、配当における債権者平等の原則があり（破産法一九四条二項）、物の分配は例外的な場合に限られます。

そこで、非金銭債権を金銭債権として評価する必要が生じ、これを金銭化と呼んでいます。厳密には、金銭債権であっても、その額が不確定であれば額を確定するとか、外国通貨であるなどの場合にも、日本円での評価をするなどの手続が必要になります（伊藤・破産法・民事再生法二八五頁）。

（3）財団債権に該当しないもの

破産手続開始前の原因にもとづく財産上の請求権であっても、財団債権に該当するものは破産債権にならないという表現は、いかにも分かりにくいと感じられるでしょう。

（ア）財団債権

財団債権という新しい言葉が出てきましたが、これについても定義規定があります。破産法二条七項は、「「財団債権」とは、①破産手続によらないで破産財団から②随時弁済を受けることができる債権をいう」（傍線および符号は筆者による）と定めています。債権という点では、破産債権と共通性がありますが、①「破産手続によらないで」と②「随時弁済」については、説明が要りますね。そして、破産財団の場合と同様に、財団債権についても、実質的な定義規定がもう一つあるのです。それは、破産法一五一条の「財団債権は、③破産債権に先立って、弁済する」（傍線および符号は筆者による）という規定です。①から③の三つを合わせると、財団債権の地位は、①破産手続によらない、②随時弁済、③破産債権に対する優先性の三つの地位から成り立っています。

このうち、①破産手続によらないとは、破産債権者と異なって、破産配当手続を待つ必要がなく、破産財団を原資として破産管財人による弁済がなされるという意味ですが、ちょっと分かりにくいですね。②随時弁済とは、その債権の本来の期限にしたがって弁済がされるという意味です。③破産債権に対する優先性とは、原資たる破産財団が十分でないときには、まず財団債権に対する弁済に充て、残額を破産債権に対する配当にあてることを意味します。

（イ）破産手続開始前の原因にもとづく財団債権？

このような優先的地位を与えられる財団債権の種類は、破産法一四八条以下に定められていますが、多くは、破産手続を進める上で発生する費用としての性質を持つものです。たとえば、破産管財人の費用や報酬（破産法一四八条一項二号）ですが、これは、破産債権者全体の利益を実現するための活動にともなう債権ですから、右のような特別の地位を与えるのが合理的ですね。でも、これらは破産手続開始後の原因にもとづく債権ですから、わざわざ破産債権の定義規定の中に付け加えなくとも、「破産手続開始前の原因に基づく」という要件にあたらないという理由で、破産債権から除外されますね。

それにもかかわらず、破産債権の定義として「財団債権に該当しないもの」という言葉が付け加えられているのは、破産手続開始前の原因にもとづくにもかかわらず、財団債権としての地位を与えられている債権が存在するからです。租税等の請求権（破産法一四八条一項三号）や給料等の請求権（同一四九条）が代表的なものですが、これらは、本来的には破産債権としての性質を持つにもかかわらず、政策的考慮から、いわば財団債権に格上げされたのですね。その結果、破産債権についてややこしい定義規定が付け加えられたと理解してください。

(4) 破産債権の届出と確定

破産財団に属する財産を換価(売却)し、その金銭を破産債権者に配当するのが破産管財人の仕事の締め括りになりますが、そのためには、配当を受けるべき破産債権の存在および内容を確定する必要があります。ここでは、その詳細には触れませんが、基本的には、破産債権の届出↓破産管財人による調査↓争いある破産債権の確定手続という流れになります。したがって、配当を受けるためには、自ら破産債権の届出をすることが出発点になりますが、破産手続開始決定は官報に公告される(破産法三二条一項)ほかに、氏名・名称・住所・事務所が判明している債権者に対しては、破産管財人から通知がなされます(破産法三二条三項一号。伊藤ほか・条解破産法二八七頁)。

4 引き鉄《がね》を引くのは?――破産手続の開始

破産手続は、裁判所の職権で開始することもありますが(伊藤・破産法・民事再生法一二一四頁）、それはあくまで例外で、原則は、債権者または債務者の申立てにもとづいて、裁判所が破産原因たる支払不能（破産法一五条一項）または債務超過（破産法一六条一項。法人の場合）に該当する事実を認定して開始します（破産法一八条一項・三〇条一項）。債務者の申立てを自己破産申立てと呼んでいます。実際には、平成三〇年度に新しく申し立てられた破産事件総数八万一二件のうち、自然人（個人）が七万三二六八件、法人・その他が六七四四件、個人のうち自己破産申立てが七万三〇九九件、法人・その他のうち自己破産申立てが六五八三件ですから、全事件の内訳でみても、九九％以上が債務者による自己破産申立てによって占められていることがお分かりいただけるかと思います（事件数は、「平成三〇年度司法統計年報」裁判所ウェブサイトによっています）。

自己破産と債権者申立破産

つまり、現代における破産制度は、倒産状態に陥った債務者が、適正な清算を経てその活動を停止するか（法人の場合）、次に述べる破産免責をえて再出発をする（個人の場合）手段として機能しているといってよいでしょう。なお、ここでいう倒産状態とは、破産原因たる支払不能または債務超過（破産法二条一一項・一五条一項・一六条一項）を意味しますが、それぞれについての詳細は、伊藤・破産法・民事再生法一一三頁以下をご覧ください。

もっとも、少数ながら債権者申立てにもとづいて破産手続が開始されることもあります。最近の例では、弁護士法人・東京ミネルヴァ法律事務所に対し、債権(弁護士会会費)者たる第一東京弁護士会が破産手続開始申立てをした事例が報道されています。このように、債権者申立ては、どちらかというと、違法行為などによって多数の被害者が発生している事件で、事業を終息させ、適正な清算をすることを目的とすることが多いようです(伊藤・破産法・民事再生法三頁)。

申立費用と予納金

一二頁で私的整理について一定の費用がかかることを述べましたが、同様のことは、破産にも当てはまります。費用を大きく分ければ、①申立代理人の費用報酬、②申立時に裁判所に納付する予納金の二つになります。①の費用は、代理人を依頼せず、債務者自らが申立てをすれば不要ですが、破産手続開始に至るまでの手続、その後の手続の進行を考えると、あまりお勧めできません。十分な資力がない場合には、日本司法支援センター(法テラス)の立替援助制度を利用することも考えられるでしょう。詳細は、法テラスのウェブサイトを参照してください。

予納金は、破産手続を開始し、進行させるために必要となる費用を予め裁判所に納付するものです。額としては、破産管財人の費用報酬が中心になります。金額については、裁判所のウェブサイトにも目安が示されています。

同時廃止とは？——破産手続を進めるに足る財産がない場合

破産手続の目的は、破産財団を換価し、破産債権者に対する配当を実施することですが、三三頁で述べた自由財産を別とすると、破産財団を構成する財産が皆無であるときは、どうしたらよいでしょうか。このような状態にある債務者については、破産手続の開始自体を認めないという制度も考えられますが、そうすると、破産手続開始を前提とした免責制度の利用もできなくなり、個人破産の機能が大きく損なわれます。

そこで破産法二一六条一項は、同時廃止という制度を設け、「破産財団をもって破産手続の費用を支弁するのに不足すると認めるときは、破産手続開始の決定と同時に、破産手続廃止の決定をしなければならない」(傍線は筆者による)と規定しています。破産手続が開始すると同時に廃止によって終了するワケですね。ただし、問題は、破産手続の費用を支弁する財産がないかどうかです。意図的に財産を隠せば、犯罪になりますが(破産法二六五条以下)、破産財団の範囲について説明したように（本書三一頁）、破産財団に属すべき財産の有無、その額が手続の費用を支弁するのに足りないかの判断は容易ではありません（伊藤・破産法・民事再生法一九一頁）。破産手続開始申立てにあたって代理人弁護士に依頼することを勧める理由の一つはここにあります。

破産者に対する各種の行動制限

債務者について破産手続が開始し、「破産者」となると、その事実が官報に公告されます（破産法三二条・一〇条一項）。また、かつては、本籍所在地の市区町村長に対する通知がなされていましたが、現在では、その運用が改められ、限定された場合にのみ通知がなされているようです（伊藤ほか・条解破産法二六七頁）。そのほか、各種職業について破産者となったことが解任事由とされたり、欠格事由とされたりしています（伊藤ほか・条解破産法一九三〇頁以下）。また、居住制限（破産法三七条一項）や通信の秘密制限（破産法八一条一項・八二条一項）も破産者の自由に対する制約になりますが、居住制限は、裁判所の許可があれば解除されますし、実際上も弾力的な運用がされているようです（伊藤ほか・条解破産法三三二頁）。破産者が破産管財人の調査などに協力的な姿勢をとっている限り、一律の制限がされることはないと理解してよいでしょう。また、破産手続が終了すれば、居住制限や通信の秘密制限は消滅しますし、破産免責（本書四七頁）がえられますと、復権（破産法二五五条・二五六条）といって職業についての資格制限などの多くも消滅します。

5　破産手続の進行と終結——免責の付与

清算手続は、裁判所の監督の下に破産管財人の手によって進められ、財団債権を弁済の上、破産債権に対する配当をもって終結するのが本来の姿です。しかし、当初から手続を進めるだけの財産がないことが明らかであれば、四五頁に述べた同時廃止の措置がとられますし、途中で費用不足が判明すれば、同じく手続廃止の措置がとられます（破産法二一七条）。同時廃止と対比して、これを異時廃止と呼んでいます。

もっとも、配当にまで進んでも、一〇〇％配当、つまりすべての破産債権を一〇〇％弁済できることは希有の事例です。そうすると、配当によって破産手続が終結しても、債務が残る可能性が大きいといえます。ただし、破産者が法人の場合には、破産手続開始が法人の解散事由とされていますから（一般社団財団法人法一四八条六号・二〇二条一項五号、会社法四七一条五号など)、実際上は深刻ではありませんが、問題は個人ですね。ここでいう個人には、消費者のほかに会社の債務を保証していた経営者なども含まれます。いくら固定主義の原則(本書三一頁)があっても、旧債務の全部または相当部分が残っているのでは、個人債務者の経済生活の再生(破産法一条)は困難ですね。破産免責は、これに対処する制度で、裁判所が免責許可の決定をし、それが確定すると、「破産者は、破産手続による配当を除き、破産債権について、その責任を免れる」効果が生じ(破産法二五三条)、破産者は、残った破産債権について履行をする責任を免れます。これは、配当がなされない同時廃止や異時廃止の場合にも変わりはありません。ただし、免責をうるについては、いくつか注意しなければならない点があります。

(1) 免責不許可事由

破産法二五二条一項は、一一の免責不許可事由を列挙しています。それらを整理すると、第一は、破産者が意図的に破産債権者の利益を害する行為をした場合であり、財産の隠匿などが代表例です。第二は、破産手続上の義務の履行を怠り、手続の進行を妨害する行為であり、破産管財人の業務遂行を妨害するなどが代表例です。第三は、七年以内に免責をえたなどの行為です。第一および第二は、破産犯罪(破産法二六五条以下)と重なるところも多く、第三は、短期間に繰り返し免責を受けることが、いわゆるモラルハザード、つまり債務の履行に対する責任感を失わせるおそれがあることを考慮したものでしょう(伊藤・破産法・民事再生法七八二頁)。以下、ひんぱんに問題となる免責不許可事由を説明します。

（ア）不当な破産財団価値減少行為

破産法二五二条一項一号は、「債権者を害する目的で、破産財団に属し、又は属すべき財産の隠匿、損壊、債権者に不利益な処分その他の破産財団の価値を不当に減少させる行為をしたこと」を免責不許可事由の一つとして定めています。例示として掲げられている隠匿や損壊については、その行為の性質自体から、破産債権者を害する目的が認められるでしょうが、財産を廉価で売却するなどの行為は、場合によりますね。経営の苦しくなった個人事業者が資金を捻出するために時価より安く資産を売却することは、必ずしも債権者を害する目的で行ったとはみられませんから。もっともその判断は容易ではないかもしれませんので、実際には、売却の時期や代金の使途などを考慮して、五二頁に述べる裁量免責に委ねられることもあるでしょう。ただし、偽装離婚をして、不動産の登記名義を配偶者に移すなどの行為は、間違いなく隠匿と判断されるでしょう。

（イ）不当な債務負担行為

破産法二五二条一項二号は、「破産手続の開始を遅延させる目的で、著しく不利益な条件で債務を負担し、又は信用取引により商品を買い入れてこれを著しく不利益な条件で処分したこと」を免責不許可事由の一つとして定めています。個人債務者の破産手続は、支払不能の事実にもとづいて開始しますから（破産法一五条一項）、それを遅延させるとは、経済的合理性を欠く借り入れや商品の投げ売りなどによって、資力があるように装うことですね。

（ウ）不当な偏頗《へんぱ》行為

破産法二五二条一項三号は、「特定の債権者に対する債務について、当該債権者に特別の利益を与える目的又は他の債権者を害する目的で、担保の供与又は債務の消滅に関する行為であって、債務者の義務に属せず、又はその方法若しくは時期が債務者の義務に属しないものをしたこと」を免責不許可事由の一つとして定めています。特定の債権者を優遇するという意味で、このような行為を偏頗行為と呼んでいます。類似の行為は、偏頗行為否認に関する破産法一六二条一項二号にも定められており、両者の関係は微妙で（伊藤・破産法・民事再生法七七七頁）、ここでいう特別の利益を与える目的や他の債権者を害する目的が認定できるのは、債務者が支払不能の状態に陥りながら、特別の関係のある債権者に対して担保を供与したり、債務を弁済する場合に限られるでしょう。ただし、裁量免責（本書五二頁）の可能性があることは、他の免責不許可事由と同様です。

（エ）浪費または賭博その他の射幸行為

破産法二五二条一項四号は、「浪費又は賭博その他の射幸行為をしたことによって著しく財産を減少させ、又は過大な債務を負担したこと」を免責不許可事由の一つとして定めています。ギャンブルで財産を失ったり、借金をして手元不如意（本書三頁）に陥ることは、消費者の破産原因の中では、相当の割合を占めていますから、この免責不許可事由が問題となることも多いのです。しかし、逆にいえば、この不許可事由を厳格にいうと、免責許可の可能性が極端に狭められるおそれがあります。法が「著しく財産を減少させ」とか「過大な債務を負担した」（傍線は筆者による）と規定している趣旨を考えるべきでしょう。もちろん裁量免責（本書五二頁）の可能性もあります。

（オ）詐術による信用取引

破産法二五二条一項五号は、「破産手続開始の申立てがあった日の一年前の日から破産手続開始の決定があった日までの間に、破産手続開始の原因となる事実があることを知りながら、当該事実がないと信じさせるため、詐術を用いて信用取引により財産を取得したこと」を免責不許可事由の一つとして定めています。自分が支払不能の状態にあることを知っているにもかかわらず、その事実がないように装って資金を借り入れるなどの行為ですね。ただ、どの程度の行為があれば、詐術にあたるかどうかについては、免責制度に対する基本的立場を反映して、考え方が分かれるところです（伊藤・破産法・民事再生法七七九頁）。もちろん裁量免責の可能性もあります。

（2）裁量免責

しかし、これらの不許可事由のいずれか、または複数の事由が認められるときでも、当然に免責が不許可とされるわけではなく、破産法二五二条二項は、「前項の規定にかかわらず、同項各号に掲げる事由のいずれかに該当する場合であっても、裁判所は、破産手続開始の決定に至った経緯その他一切の事情を考慮して免責を許可することが相当であると認めるときは、免責許可の決定をすることができる」と定めています。浪費と認められる行為があったとしても、それが軽微なものであったとか、破産管財人に協力して破産財団を増やす努力をしたとか、七年内ではあるが、非難できない事情のために再度の破産と免責申立てを余儀なくされたなどの事情を考慮して、免責の付与について裁判所の判断の余地を認めるところから、裁量免責と呼ばれます。

第3章　誰もが利用できる民事再生

破産の場合には、事業用資産や生活の基盤となっている財産を売却して債務の一部を支払い（配当）、残った債務については、法人の解散によって消滅するか、個人については、免責を与え、新得財産（本書三一頁）を基礎として生活の再建を図る機会を与えるという取扱いがなされます。このように、破産は外科手術ともいうべき手段ですが、危機が決定的に深まる前の時期であれば、債務の負担さえ軽減できれば、資産や財産を維持しつつ、事業収入や個人の給与などによって返済が可能な場合も多いでしょう。そのような必要に応えるのが民事再生であり、外科手術に対比すれば、処方薬によって炎症を抑え、体力の回復を図る内科的治療ということもできるでしょう。

1　手続開始原因

破産手続の開始原因は、支払不能と債務超過ですが（破産法一五条一項・一六条一項。本書四三頁）、民事再生手続の開始原因は、（1）「破産手続開始の原因となる事実の生ずるおそれがあるとき」と(2)「債務者が事業の継続に著しい支障を来すことなく弁済期にある債務を弁済することができないとき」の二つです(民事再生法二一条一項)。

(1) 破産手続開始の原因となる事実の生ずるおそれがあるとき

ここで「おそれ」という言葉が使われています。おそれという日本語は、可能性(possibility)よりは見込み(likelihood)に近いでしょう。事業者であれば、売上などの数値から、そのままで推移すれば、支払不能や債務超過という破産原因にあたる事実が生じると予測されるという意味ですね。逆にいえば、その段階で手続を開始し、債務の返済圧力を緩和した上で、期限を延ばし、返済額を軽減して事業や経済生活の再生を図るというのが、民事再生の考え方で、その手続開始原因として「おそれ」をあげているのは、それを表すものです。外科手続としての破産によらなくても、早期の段階であれば民事再生という薬剤によって回復が期待できるといってもよいでしょう。

(2) 事業の継続に著しい支障を来すことなく弁済期にある債務を弁済することができないとき

これは事業者を想定したものです。手持ち資金が逼迫して、金融機関に対する債務を返済すると、商取引債権への弁済資金が足りなくなり、取引拒絶の心配があるような場合です。商取引ができなくなってしまえば、事業活動は停止せざるをえませんから、そうなる前の段階で治療薬を処方して、事業の再生を図るのが目的です。

2 誰にでも開かれている扉――利用資格無限定型

一七頁で、民事再生は、その利用資格が無限定型であると説明しました。法律用語としては利用資格のことを再生能力といいますが、民事再生法では、債務者という用語を置いているだけで、債務者の属性については、特段の限定をしていません。ですから、債務者になることができる個人や法人は、みな民事再生手続を利用できるのです（伊藤・破産法・民事再生法八二〇頁）。

3 DIP型の意味

これも二〇頁で説明しましたが、民事再生は、手続開始前の債務者がそのまま手続遂行主体

（再生債務者）になるＤＩＰ型に属します。ただ、ＤＩＰ型というと、「危機の原因を作った経営者がそのまま居座って、事業の経営や債権者との交渉にあたるのか？」と誤解されやすいのですが、それは間違いとはいえないまでも不正確です。法律的に正確に表現しようとすると分かりにくくなってしまうのですが、ＤＩＰ型とは、手続開始にあたって裁判所が管財人を選任しない手続です。ですから、誰を経営者、会社でいえば代表取締役社長に据えるかは、債務者たる会社自身の判断に任されるワケで、危機の原因を作った社長が不適任であると判断すれば、会社自身が別の人を社長に選任して、民事再生手続の遂行を委ねることになります。

また、民事再生の申立てにあたっては、代理人弁護士を選任するのが通例で、代理人弁護士は、手続開始後も再生債務者に対する助言者の役割を期待されています（伊藤・破産法・民事再生法八六一頁）。加えて、裁判所は、直接に再生債務者の職務遂行を監督するだけではなく、監督委員を選任して、監督にあたらせることができ（民事再生法五四条一項・二項）、実務上では全件について監督委員が選任されているようです。さらに、それでも不十分な場合には、管財人を任命する可能性もありますので（民事再生法六四条一項・二項。本書二一一頁）、右のような心配はないといってよいでしょう。

4　再生債務者は誰の利益を守るべきか？

　会社の経営者である取締役は、会社に対し善良な管理者の注意義務や忠実義務を負うとされています（会社法三三〇条、民法六四四条）。それでは、再生債務者となった会社の業務執行機関である取締役は、誰に対してどのような義務を負うのでしょうか。民事再生法三八条二項は、「再生手続が開始された場合には、再生債務者は、債権者に対し、公平かつ誠実に、前項の権利（業務遂行権と財産管理処分権―筆者注）を行使し、再生手続を追行する義務を負う」と規定しています。一般に公平誠実義務と略称されていますが、その相手方は会社ではなく、債権者であることに注意してください。公平誠実義務の主体は再生債務者ですが、会社の場合には、取締役がその業務を執行するのですから、取締役の義務と置き換えてもいいですね。

　つまり、従来は、会社の利益を守ることを職務としていた取締役ですが、いったん会社が再生債務者となれば、債権者に対する公平誠実義務を負うことになります。それでは、公平誠実義務の内容は何でしょう。民事再生手続に参加する債権者は再生債権者と呼ばれますが、取引先関係、事業組織、従業員の離散を防ぎ、会社の収益を維持するように努め、それを再生債権者に公平に配分しなければならないというのがこの義務の内容です(伊藤・破産法・民事再生法八六〇頁注三)。

株主はどうでしょう。株主の会社に対する権利の一つは、残余財産の分配を受ける権利ですが(会社法一〇五条一項二号)、残余財産とは、債務者に対して債務を弁済した後の残余の額ですから、負債つまり債権者の権利より劣位にあります。したがって、再生債務者である会社の株主が再生債務者財産の分配を受ける権利を持つことは、通常では考えられません。それだけではなく、後に述べる再生計画によって一〇〇%減資が定められると、株主の地位自体が消滅してしまいます。

5　再生債権者の権利

再生債権とは、「再生債務者に対し再生手続開始前の原因に基づいて生じた財産上の請求権(共益債権又は一般優先債権であるものを除く。次項において同じ。)は、再生債権とする」と定義されています(民事再生法八四条一項)。破産債権についての定義(本書三六頁)を思い出してください。再生債務者を破産者に、再生手続開始前を破産手続開始前に、共益債権を財団債権に置き換えると、ほぼ同一内容ですね。一般優先債権という概念が登場しましたが、これは、労働債権のように再生債務者の財産一般について優先権（民法三〇六条二号）を認められる債権を指します（伊藤・破産法・民事再生法九二二頁）。

再生債権者の地位

そして、破産債権者が破産手続に参加して配当を受けるのと同様に、再生債権者は再生手続に参加して（民事再生法八六条一項）、期限や債権の額などについて変更された上で再生計画による弁済を受けます（民事再生法一五四条以下）。それまでは個別に再生債務者から弁済を受けることは禁止され（民事再生法八五条一項）、再生債権者の側も強制的に権利を行使することが許されません（民事再生法三九条一項）。もし、そのようなことを許すと、再生債権者の間に不平等が生じかねませんし、また、再生債務者の事業を継続したり、経済生活を維持することを妨げる結果になるためです。

弁済禁止の例外

もっとも、再生計画による弁済まで待たなければならないとすると、中小企業など財務的基盤の弱い再生債権者にとっては大きな打撃を受けるおそれがあります。また、少額の再生債権者にとっては、債権の価値が失われてしまうともいえるでしょう。再生債務者の側からみても、中小企業などの取引先を維持することは、自らの事業価値の保全にもつながりますし、また、少額の再生債権を整理することができれば、再生債権者の数を減らし、再生計画案の成立を容易にするという利点も考えられます(民事再生法一七二条の三第一項一号参照)。

そこで、民事再生法八五条二項は、「再生債務者を主要な取引先とする中小企業者が、その有する再生債権の弁済を受けなければ、事業の継続に著しい支障を来すおそれがあるときは、裁判所は、再生計画認可の決定が確定する前でも、再生債務者等の申立てにより又は職権で、その全部又は一部の弁済をすることを許可することができる」と規定し、中小企業者の再生債権について例外的に計画外の弁済を認めています。

同じく同条五項は、「少額の再生債権を早期に弁済することにより再生手続を円滑に進行することができるとき、又は少額の再生債権を早期に弁済しなければ再生債務者の事業の継続に著しい支障を来すときは、裁判所は、再生計画認可の決定が確定する前でも、再生債務者等の申立てにより、その弁済をすることを許可することができる」と定め、少額の再生債権について例外的に計画外の弁済を認めています。

6　再生計画

破産債権者に対する分配が破産管財人による配当の形で行われるのと比較すると、再生債権者に対する弁済は、再生計画にもとづいて行われます。再生計画の内容は、再生債権者の権利の変更や変更後の権利に対する弁済などが主たるものですが（伊藤・破産法・民事再生法一〇五一頁以下）、再生債権者によって構成される債権者集会の多数決および可決された再生計画案についての裁判所の認可によって効力が生じるのが特色です。

債権者集会の決議

再生計画案は、債権者集会で可決しなければなりません。破産配当の場合には、そのような手続が存在しないにもかかわらず、なぜ民事再生では、再生債務者財産の分配について債権者の意思を重視するのでしょうか。事業者の民事再生を考えていただければ分かりやすいと思いますが、それには二つの理由があります。

第一は、分配の対象となる清算価値（破産財団）の確実さと継続事業価値（将来の再生債務者財産）の不確実さです。清算価値は、破産財団を金銭化したものですから、現実のものとして破産管財人の管理下にあります。これと比較して継続事業価値は、再生債務者の事業が将来にわたってどれだけの収益を生み出すかの予測にかかる不確実なもので、再生計画案に描かれている事業の将来収益を信頼するかどうかは、債権者の判断に委ねられるべきだからです。

第二は、事業計画が合理的なものであり、将来収益が信頼できるものであることを前提としても、そのうちのどれだけのものを再生債権に対する弁済にあてるか、いいかえれば、再生債権に対する弁済率をどの程度にするかも、判断が分かれるところだからです。高い弁済率を設定すれば、再生債権者の賛成はえられやすくなりますが、いわゆる絵に描いた餅になる危険もありますね。

以上は、いわゆる自力再生型、つまり再生債務者の下に事業を残して、その再生を図る再生計画案の内容を前提としていますが、近時は、事業譲渡型、つまり、再生債務者の事業を第三者に譲渡し、その代金をもって再生債権者に一括弁済する再生計画案も増えています。この場合には、譲渡先や譲渡代金が適正であるかどうかについて再生債権者の意思を問うことになるでしょう。

可決要件

決議の可決要件は二つであり、両者を満たすことが必要です（民事再生法一七二条の三第一項柱書）。第一は、議決権者の過半数の同意であり（同一号）、頭数要件と呼ばれます。第二は、議決権者の議決権総額の二分の一以上の議決権を有する者の同意であり（同二号）、議決権額要件と呼ばれます。議決権額は、再生債権の額に応じて定まりますが（伊藤・破産法・民事再生法一〇七三頁）、議決権額要件のみとすると、多額の再生債権を持つ者の意思のみで結論が決まってしまうことを懸念したものです。

再生計画の認可

再生計画案が可決されると、再生計画が成立しますが、その効力発生のためには、裁判所の認可決定の確定が必要です（民事再生法一七六条）。民事再生法一七四条二項は、四つの不認可事由を定めています。第一は、再生手続や再生計画が法律の規定に違反するときであり（同一号）、たとえば再生計画による権利の変更が平等原則（民事再生法一五五条一項本文）に反するなどが考えられます。第二は、再生計画が遂行される見込みがないときであり（民事再生法一七四条二項二号）、遂行可能性の要件と呼ばれます。再生のための事業計画に合理性を欠くなどが考えられます。第三は、再生計画の決議が不正の方法によって成立するに至ったときであり(同三号)、賛成票をうるために買収行為がなされたことなどが考えられます。第四は、再生計画の決議が再生債権者一般の利益に反するときであり(同四号)、清算価値保障原則の要件と呼ばれます。

清算価値保障原則とは、再生計画によって再生債権者に分配される利益は、最低限でも破産の場合の配当を超えるものでなければならないという規律です(伊藤・破産法・民事再生法一〇八八頁)。清算価値、つまり破産の配当を超える弁済ができないようでは、民事再生によらせる意味がなく、破産手続に移行させて清算価値を配分した方がよいという考え方、いいかえれば、民事再生は、破産清算によるよりも債権者に多くの利益を与えることを保障しつつ、債務者の事業や生活の再生を図るという思想がここに顕れています。

再生計画の遂行

再生計画の遂行は、再生債務者等の責任です(民事再生法一八六条一項)。「等」という言葉が出てきましたが、これは、再生債務者と管財人とを合わせた用語です(民事再生法二条二号)。つまり、管財人が任命されていなければ、再生債務者が再生計画遂行の主体となるが、管財人がいれば、管財人が計画を遂行することを意味します。もっとも、再生債務者が遂行主体となるときでも、ほとんどすべての事件では、監督委員(本書五九頁)が選任されていますので、監督委員が再生債務者による再生計画遂行を監督します(民事再生法一八六条二項)。

7　その他の事項

以上に述べたことは、民事再生手続の中核部分です。それ以外に、再生債務者が個人である場合を前提とした様々な特別規定や特別手続があります。住宅資金貸付債権に関する特則(民事再生法一九六条以下。伊藤・破産法・民事再生法一一一二頁以下)は、再生債権として住宅ローンがある場合の特別規定ですし、小規模個人再生(民事再生法二二一条以下。伊藤・破産法・民事再生法一一六四頁以下)や給与所得者等再生(民事再生法二三九条以下。伊藤・破産法・民事再生法一一九四頁以下)は、それぞれ個人である再生債務者の特性に応じて、簡素化した特別手続です。ここではそれらについての解説をする余裕がありませんので、必要に応じて「はしがき」iii頁の参考文献を参照してください。

第4章　最強であるがゆえに

――会社更生

再生型手続の中で会社更生は、最強の手続といわれます。近年では、日本航空（ＪＡＬ）やエルピーダメモリの事例が知られています。ただ、それゆえに敬遠される傾向がないとはいえません。近年の会社更生新受件数は、平成二〇年（二〇〇八年）の三四件から、若干の波はあるものの、ほぼ一貫して減少を続け、同二八年（二〇一六年）は一件、同二九年は一〇件という状態です。事業者を主たる対象として想定している通常再生（民事再生）申立件数についてみれば、平成二〇年は八五九件、同二八年は一五一件、同二九年は一四〇件と、同じく減少傾向にありますが（児島大成・高橋卓嗣「平成二九年における倒産事件申立ての概況」ＮＢＬ一一二二号二〇頁（二〇一八年））、会社更生手続があまり利用されていないことがお分かりいただけるかと思います。

その理由の一つは、経済が比較的好況だったことにあり、もう一つは、九頁に述べた私的整理が盛んに用いられていることもあるでしょう。結局、かつてであれば、会社更生が利用された案件でも、民事再生や私的整理に代わられているという見方もできます。旧会社更生法の下ですが、たとえば、昭和五〇年頃の会社更生申立件数が毎年一〇〇件を超えていたことを思うと、時代の変化を感じます。「はしがき」で触れたレナウンも、かつてであれば会社更生の申立てをしたかもしれませんし、私的整理である事業再生ADR（本書九頁）を利用して再生を図った曙ブレーキ工業も、会社更生の申立てをしたとしても不思議ではなかったと思います。今後の会社更生の運用がどのようになるかについては、本章の最後でお話ししましょう。

1　民事再生と会社更生の違い

同じく再生型の手続ですから、目的は共通しています。そのことは、七六頁に述べるように、手続構造の類似性にも顕れています。他方、両者の間には、いくつかの重要な違いがあります。

(1) 利用資格限定型——株式会社のみが適用対象

民事再生が、利用資格無限定型で、株式会社その他の会社であれ、一般社団法人・一般財団法人であれ、個人であれ、その属性を問わず適用が認められる（本書五八頁）のと比較すると、会社更生は利用資格限定型です。そのことは、会社更生法一条が、「この法律は、窮境にある株式会社について、更生計画の策定及びその遂行に関する手続を定めること等により、債権者、株主その他の利害関係人の利害を適切に調整し、もって当該株式会社の事業の維持更生を図ることを目的とする」（傍線は筆者による）と規定していることに端的に示されています。なぜ、利用資格（法律上の概念としては更生能力といわれますが）を株式会社に限定しているかは、論理的な理由というよりは、立法の沿革によるものです（本書一八頁。伊藤・会社更生法・特別清算法二二頁）。

（2）管財人型

民事再生がＤＩＰ型を原則としているのに対し、会社更生は管財人型であり、開始決定と同時に裁判所が管財人を選任し（会社更生法四二条一項）、以後、会社（手続開始後は更生会社と呼ばれます）の「事業の経営並びに財産（日本国内にあるかどうかを問わない。第四項において同じ。）の管理及び処分をする権利は、裁判所が選任した管財人に専属する」ことになります（会社更生法七二条一項）。これは、会社の事業経営を継続しつつ、債権者（更生債権者）や担保権者（更生担保権者）の利益を守るために、公正中立な立場にある第三者（弁護士）を手続遂行主体にするという考え方にもとづくものです。更生債権者とか更生担保権者という用語が登場しましたが、これについては後述します。

もっとも、中立公正な立場は、いいかえれば、従来の経営に無縁であったことを意味しますから、たとえ従来の経営者を従業員として雇用するなどの方策をとるとしても、更生手続開始後の円滑な経営の継続に支障が生じることも考えられます。それを回避するために考えられたのが、ＤＩＰ型会社更生、つまり従前の経営者を管財人に任命するという実務運用です（本書二〇頁）。もちろん、その人物の経営手腕が評価できることのほかに、違法な経営責任の問題がないこと、主要債権者や担保権者の反対がないことなどが前提条件になります（伊藤・会社更生法・特別清算法一一四頁）。

（3）全利害関係人参加型

債務者が株式会社であることを前提としたとき、破産手続に参加するのは破産債権者だけです。株主はもちろん、同じく債権者であっても、財団債権者も手続には参加せず（本書四〇頁）、担保権者も手続に制約されない地位を保障されます（本書一四三頁）。民事再生の場合にも、破産債権者に対応する再生債権者のみが手続に参加します。株主はもちろん、破産の財団債権者に対応する共益債権者（手続の遂行に必要な費用を中心とする債権者）も手続には参加しません。担保権者も同様です（本書一四四頁）。

これと比較すると、会社更生では、破産債権者に対応する更生債権者（会社更生法二条八項・

九項)だけではなく、更生会社財産の上に担保権(特別の先取《さきどり》特権、質権、抵当権および商事留置権)を持つ債権者(会社更生法二条一〇項・一一項)も更生担保権者として手続に参加します。さらに株主も手続に参加します(会社更生法一六五条一項)。更生債権者と更生担保権者とをあわせて更生債権者等と呼びます(会社更生法二条一二項・一三項)。ただし、共益債権者に対する弁済は、手続外で行われる点は(会社更生法一三二条一項・二項)、民事再生と同様です。したがって、民事再生における再生計画に相当する更生計画では、「全部又は一部の更生債権者等又は株主の権利の変更」を定めることが必要です(会社更生法一六七条一項一号)。なお、先取特権とか商事留置権という用語は、法律家でない方には耳慣れないものと思いますが、法律が一定の種類の権利について他の債権者に対する優先権を与えているもの(民法三〇三条以下、会社法二〇条、商法三一条)と理解してください。発生の根拠が法律の規定にあるという意味で、法定担保権とも呼ばれます。

2　更生債権者等の地位

再生債権者が再生手続に参加して、権利を変更された上で再生計画による弁済を受けるのと同様に、更生債権者等も更生手続に参加して、権利を変更された上で更生計画による弁済を受けます。それまでは個別に更生会社から弁済を受けることは禁止され（会社更生法四七条一項）、更生債権者等の側も強制的に権利を行使することが許されません（会社更生法五〇条一項）。その趣旨は、再生債権の地位について述べたのと（本書六二頁）同様ですが、更生手続の場合には、担保権の実行までが禁止の対象に含まれているのが特徴です（会社更生法二四条一項二号・五〇条一項）。

ただし、これも再生債権の場合（本書六三頁）と同様に、更生会社を主要な取引先とする中小企業者や少額の更生債権等については、弁済禁止の例外が設けられています（会社更生法四七条二項・五項）。その趣旨は、六三頁で述べたところと同一ですが、日本航空（ＪＡＬ）の更生事件などでは、少額の更生債権の要件がかなり弾力的に解釈され、商取引債権を一〇〇％弁済したのと大きな違いはない運用がされたようです（伊藤・会社更生法・特別清算法一九五頁）。

3　更生計画

更生計画案が可決され、裁判所がそれを認可することによって更生債権者等や株主の権利の変更が行われ、その内容にしたがって弁済などがなされることは、再生計画について述べたのと(本書六四頁)同様です。ただし、手続に参加するのが再生債権者という、いわば等質の権利者に限定されている民事再生と異なって、更生債権者、更生担保権者、株主という、いわば異質の権利者が手続に参加するために、計画の内容や決議に関する規律には、会社更生法独自の特徴があります。

（1）平等原則

会社更生法一六八条一項柱書本文は、「次に掲げる種類の権利を有する者についての更生計画の内容は、同一の種類の権利を有する者の間では、それぞれ平等でなければならない」(傍線は筆者による)と規定します。これは、権利の変更などに関する平等原則を定めたものですが、傍線部分に注目してください。右に述べたように、異質の権利者が手続に参加するために、民事再生法一五五条一項本文とは違った文言になっているのです。なお、会社更生法一六八条一項柱書但書は、民事再生法一五五条一項但書と同趣旨の規定ですが、ここでも「同一の種類の権利を有する者の間に」差を設けてもという文言が加えられている理由が理解いただけるでしょう。

（２）公正・衡平の原則

同一の種類の権利を有する者、たとえば更生債権者については権利変更や弁済条件について平等原則が働きますが、異なる種類の権利を有する者の取扱いについては、公正・衡平原則が適用されます。具体的には、会社更生法一六八条三項が、「更生計画においては、異なる種類の権利を有する者の間においては、第一項各号に掲げる種類の権利の順位（更生担保権、優先権のある更生債権、一般の更生債権、優先株式、普通株式など―筆者注）を考慮して、更生計画の内容に公正かつ衡平な差を設けなければならない。この場合における権利の順位は、当該各号の順位による」（傍線は筆者による）と規定し、これを公正・衡平原則と呼んでいます。

ところが、ここでいう公正・衡平の原則の意味については、旧会社更生法の時代から考え方が対立しており、会社更生手続を分かりにくくしている理由の一つです（伊藤・会社更生法・特別清算法五九〇頁）。

単純化した例をあげて説明します。更生計画によって分配できる価値が一〇〇であり、二人の更生担保権者の権利が合計一〇〇で、一〇人の更生債権者の権利が合計五〇〇であると仮定します。更生担保権は更生債権より先順位にありますから、一〇〇の価値はすべて更生担保権に分配し、更生債権者への分配はゼロにするという考え方が成り立ちます。先順位の権利の優先性を絶対的なものとみる考え方で、絶対的優先説といわれます。

これに対し、二人の更生担保権者には五〇を分配し、残りの五〇を一〇人の更生債権者に分配するという考え方もありえます。更生担保権者の弁済率は、五〇／一〇〇つまり五〇％、更生債権者の弁済率は、五〇／五〇〇つまり一〇％ですから、両者を比較すれば、先順位にある更生担保権の弁済率が高いワケですから、公正・衡平の原則を守っているといえます。これを相対的優先説と呼んでいます。

理論的には、絶対的優先説と相対的優先説のいずれもが成り立ちえますが、絶対的優先説を堅守しようとすると、更生計画が硬直的なものになりすぎるので、実際上は、相対的優先説に近い運用がなされているようです。

(3) 関係人集会の決議——決議のための組分けと可決要件

管財人は更生計画案を作成して関係人集会に提出しなければなりません(会社更生法一八四条一項)。関係人集会とは、民事再生でいう債権者集会に相当するものですが、会社更生では、更生債権者以外の者も手続に参加するため、関係人集会と呼びます。また、更生債権者等や株主も更生計画案の提出権があります(同二項)。

　いずれにしても、提出された更生計画案が関係人集会の決議に付されることになりますが、ここでも、民事再生と異なって、異質の権利者が手続に参加しているという会社更生の特質が顕れます。

　会社更生法一九六条一項は、「更生計画案の決議は、第百六十八条第一項各号に掲げる種類の権利又は次項の規定により定められた種類の権利を有する者に分かれて行う」と規定します。つまり関係人集会として一つの決議がなされるのではなく、その中で、更生担保権者の組、優先権のある更生債権者(優先的更生債権)の組、一般の更生債権の組、優先株主の組、普通株式の組などに分かれて決議がなされるのです(伊藤・会社更生法・特別清算法六五八頁)。これは、それぞれの権利者の間に優先劣後の関係がある以上、単一の決議体において議決権額(更生債権額、更生担保権額、株式数など)を基準にして更生計画案についての可否を問うことが不合理であるためです。そこで、それぞれの組に分かれて更生計画案の可否を問うことになりますが、可決の要件が組ごとに異なっていること、いずれの組の決議においても頭数要件(本書六六頁)は存在せず、議決権要件のみであることも再生計画案の場合との違いです。そして、原則としてすべての組において可決される必要がありますが、一部の組において可決に至らなかった場合でも、裁判所は、その組に属する権利者のために権利保護条項を定めて、計画を認可することができます（会社更生法二〇〇条。本書八二頁）。

更生債権の組における可決の要件は、過半数つまり「議決権を行使することができる更生債権者の議決権の総額の二分の一を超える議決権を有する者」の賛成です（会社更生法一九六条五項一号）。株主の組における可決の要件も過半数です（同三号）。

これに対し、更生担保権の組における可決要件は、権利変更の態様に応じて三通りに分けられます。第一に、更生担保権の期限の猶予の定めをする更生計画案は、権利変更の態様が比較的限定されていますので、三分の二以上というものです（同二号イ）。第二に、権利の減免などの定めをする更生計画案は、より深く権利の内容に切り込みますから、四分の三以上という可決要件が設定されます（同二号ロ）。第三に、更生会社の事業の全部の廃止を内容とする更生計画案は、実質は清算と変わりませんので、担保権者の利益を尊重して、一〇分の九という厳格な可決要件が定められています（同二号ハ）。

このように各種の権利者、特に担保権者を更生手続に参加させる結果として、担保目的物の評価、決議の際の組分け、厳格な可決要件が設けられていることが、最強ではありますが、会社更生手続の利用をためらわせる原因となっていることは否定できません。民事再生の場合にも、担保権の実行を制約したり、被担保債権の弁済期を変更したりする必要のある事案も少なくありませんが、別除権協定を通じて、再生債務者等と担保権の合意によって解決することが多いようです（伊藤・破産法・民事再生法九六八頁。本書一五一頁）。これと比較すると、会社更生の手続はあまりにも重厚ということもできるかもしれません。

会社更生法の将来像について、「債権者申立てに係る会社更生」、「最後の砦としての会社更生」、「倒産手続の国際化の中での会社更生」の三つがあげられることがありますが（伊藤・会社更生法・特別清算法はしがき二頁）、合衆国の旧連邦破産法では、会社更生に相当する第X章と民事再生に相当する第XI章が別立てになっていたところ、現行連邦破産法では、両者を統一して第一一章としたように、民事再生と会社更生の統合も今後の課題になるでしょう。

（4）認可――権利保護条項の設定

更生計画の効力は、裁判所の認可決定の時から生じます（会社更生法二〇一条）。認可の事由（会社更生法一九九条二項）は、再生計画の場合（民事再生法一七四条二項）と類似していますが、更生計画の内容について述べた公正・衡平の原則を反映して、その遵守が事由の一つにされていることが違いでしょうか。

もう一つ、重要な違いをあげるとすれば、権利保護条項の定めによる更生計画の認可でしょうか。これは、一部の組において法定の多数決要件が満たされず、可決に至らなかった場合であっても、裁判所がその組に属する権利者について権利保護条項を定めることによって計画を認可することができるという制度です（会社更生法二〇〇条）。詳細は、伊藤・会社更生法・特別清算法六七八頁以下を参照いただくとして、趣旨は、それぞれの組に属する権利者が把握している清算価値、つまり、更生計画案が可決されず、手続が破産に移行したときに配分される価値を保障することによって更生計画を成立させ、「当該株式会社の事業の維持更生を図る」という会社更生手続の目的（会社更生法一条）を実現しようとするところにあります。

権利保護条項は、可決の要件が厳格な更生担保権の組において特に重要な役割を果たすものですが、別の見方をすれば、担保権者に最低限保障されている価値は、担保目的物の清算価値または処分価値であるということもできるでしょう。

（5）更生計画の遂行

更生計画の遂行とは、更生計画の内容として記載されている様々な事項を実行することですが、一つ注意をすべきことは、遂行の主体です。更生会社の事業経営権および財産管理処分権を掌握する管財人が手続遂行の主体となり、裁判所がそれを監督するのが原則ですが（会社更生法六八条一項）、更生計画の定めによって更生会社を手続遂行主体とし、取締役が会社の業務を執行する（会社法三四八条）ことも可能です（会社更生法七二条四項・一六七条二項）。その場合には、管財人は、更生会社の手続遂行を監督する立場になります（会社更生法二〇九条一項）。経済社会への早期の復帰という視点からすれば、このような方策をとることが望ましい場合もあるでしょう。

（6）更生手続の終結

更生計画が遂行されれば、更生手続は終了し、会社は更生会社ではなくなりますが（会社更生法二三九条一項一号）、その前の段階でも、「更生計画の定めによって認められた金銭債権の総額の三分の二以上の額の弁済がされた時において、当該更生計画に不履行が生じていない場合」（同二号本文）や、「更生計画が遂行されることが確実であると認められる場合」（同三号）でも、更生手続の終結が認められますので、会社の経営が順調で、軌道に乗れば、早期に更生会社から脱却できるといってもよいでしょう。大型会社更生事件を代表する日本航空（ＪＡＬ）の場合でも、開始申立てから一年あまりで終結決定（会社更生法二三九条一項二号本文）に至り、再上場を果たしていますから、重厚な手続である会社更生といえども、手続遂行主体の努力や関係人の協力があれば、迅速な再生が可能になります。

第5章　協定にもとづく株式会社のＤＩＰ型清算

——特別清算

特別清算は、破産と同じく清算型の倒産手続ですが、適用対象が株式会社(清算手続中)に限られているという点では、会社更生と共通性があります。ただ、事件としては相当数があり、平成二〇年(二〇〇八年)から平成二九年(二〇一七年)まで、毎年三〇〇件前後の新しい申立事件がありますので(児島大成・高橋卓嗣「平成二九年における倒産事件申立ての概況」NBL一一二二号一八頁(二〇一八年))、法的整理の一角を担っているといってよいでしょう。特別清算についても、平成の倒産法大改正(本書一九頁)の中で、手続の名称を協定破産とか簡易破産とかに変更し、DIP(本書二〇頁)を特色とする破産手続の特殊類型とすべきであるなどの議論がなされましたが、採用されず、従来の手続構造の基本骨格を維持して現在に至っています。

1　破産と特別清算の違い

破産も特別清算も同じく清算型の手続ですから、両者の目的は共通しています。つまり、資産を換価(売却)して負債の弁済にあてることですね。しかし、両者の間には、いくつかの重要な違いがあります。

(1) 利用資格限定型——清算手続中の株式会社のみ

会社は、株主総会の決議など一定の事由があると解散します(会社法四七一条)。そして、解散に引き続いて清算の手続が行われます(会社法四七五条一号)。このような状態にある会社を清算株式会社と呼びますが、清算株式会社に債務超過の疑いがあるときは、裁判所は、中立てにもとづいて特別清算の開始を命じます(会社法五一〇条二号)。中立てができるのは、清算人、債権者、株主などです。

ここでは、特別清算の利用資格が清算株式会社に限定されていること、そして手続開始原因が「債務超過の疑い」とされていることに注意してください。法人についての破産手続開始原因の一つは、債務超過である(破産法一六条一項)と比較すると、その疑いで足りるとされているのは、すでに開始されている清算手続との連続性を保ちつつ、新たに破産手続を開始することを回避しながら、適正な清算を遂行するという特別清算の特質を表したものです(伊藤・会社更生法・特別清算法八一六頁)。

（2）DIP型

手続遂行主体については、特別清算は民事再生と同じくＤＩＰ型（本書二〇頁）に属します。会社法五二三条が「特別清算が開始された場合には、清算人は、債権者、清算株式会社及び株主に対し、公平かつ誠実に清算事務を行う義務を負う」と定めるのは、民事再生法三八条二項が「再生手続が開始された場合には、再生債務者は、債権者に対し、公平かつ誠実に、前項の権利を行使し、再生手続を追行する義務を負う」と定めるのと対応していますね。

清算人は、取締役など会社が選任した者が就任するのが原則ですが（会社四七八条一項）、いったん特別清算が開始されれば、その者が債権者などに対する公平誠実義務を負うのです。公平誠実義務の意味については、六〇頁に述べていますが、債務超過の疑いのある清算株式会社の清算人としては、清算株式会社の財産を確保しつつ、まず債権者への弁済を行ったのちに、残余財産があれば、株主に対して分配することが職務になります。もっとも、債務超過の疑いといっても、実際に債務超過の状態にあれば、債権者に対する一〇〇％弁済は不可能ですから、株主に対する残余財産分配もありえません。

ただし、清算人がその職務を適正に遂行するよう裁判所や監督委員が監督することは、民事再生の場合と同様です（会社法五一九条・五二七条）。

2　協定債権者の権利

会社法五一五条三項は、協定債権について「清算株式会社の債権者の債権（一般の先取特権その他一般の優先権がある債権、特別清算の手続のために清算株式会社に対して生じた債権及び特別清算の手続に関する清算株式会社に対する費用請求権を除く）」と定義しています。六一頁で説明した再生債権の定義（民事再生法八四条一項）と類似性がありますね。協定債権とは、清算株式会社に対する債権のうち、一般の優先権がある債権と手続費用債権（特別清算の手続遂行のために生じた債権など）を除いた債権ということになります。後者は、破産でいう財団債権、民事再生や会社更生でいう共益債権に相当するもので、特別清算手続による権利行使の制限や変更を受けない権利です。一般の優先権がある債権については、一四一頁を参照してください。

これらを除いた債権をなぜ協定債権と呼ぶかといいますと、民事再生における権利の変更、弁済の時期や内容が再生計画に定められ、その再生計画案が再生債権者によって構成される債権者集会での決議にかけられるのと同様に、再生計画案に相当する清算株式会社と協定債権者との間の協定案が債権者集会にかけられ（会社五六七条一項）、可決されれば、裁判所の認可決定を経て（会社法五六九条一項）、それが確定すれば、権利変更の効力が生じます（会社法五七〇条）。このように、協定に参加する資格を意味するところから、協定債権と呼ばれます。なお、可決の要件は会社法五六七条が、認可の要件は、五六九条が定めていますが、ほぼ再生計画の場合（本書六六頁）と同様です。

そして、協定債権間は、相互に優先劣後の関係がなく、また優先して弁済すべき手続費用債権も含まれていませんから、協定による権利変更について平等原則が働きます（会社法五六五条本文）。このように協定による平等原則の適用を確保するためには、清算株式会社が協定成立前に個別に協定債権に対する弁済をするとか、協定債権者の側から個別の強制執行をすることを禁止したり、中止させたりする必要があります。会社法五〇〇条一項や五三七条は、前者に対応するための規定ですし、五一五条は、後者に対応するためのものです。ただし、少額の協定債権に対する例外はありますが、ほぼ民事再生の場合と同様の内容です（伊藤・会社更生法・特別清算法八九三頁）。

3　特別清算と他の法的整理との関係

特別清算と他の法的整理とを比較すると、否認権（本書一二〇頁）や双方未履行双務契約の解除権（本書一〇四頁）など、取引の相手方などに一定の不利益を受忍させてでも清算株式会社財産の回復や充実を図る手段が設けられていません。わずかに、役員等の責任の免除の取消し（会社法五四四条）が、特別清算開始前になされた役員等の責任免除を取り消すことにより、役員等の会社に対する賠償責任を復活させ、清算株式会社財産を充実させようとするものですから（伊藤・会社更生法・特別清算法九二六頁）、これに類するものでしょうか。しかし、それは役員の責任免除という限定された領域にかかわるものであって、やはり特別清算は、破産と比較すれば、債権者を害する行為（詐害行為）や不平等な行為（偏頗行為）を想定しない簡易な清算手続であるということができるでしょう。

特別清算と破産

このようなことが背景になっていますが、特別清算と破産手続との関係については、かなり複雑な規定が置かれています。その趣旨のみを要約すれば、すでに破産手続開始申立てがなされていても破産手続開始決定前の段階であれば、特別清算が優先する、しかし、すでに破産手続が開始していれば、破産が優先するということができます（会社法五一二条・五一五条一項。伊藤・会社更生法・特別清算法八二七頁)。

また、いったん特別清算が開始しても、協定が可決されなかったとか、可決された協定が認可されなかったなどの事態もありえます。それ以前の段階でも、協定成立の見込みがないとか、認可決定確定後の段階でも、協定実行の見込みがないなどの場合も同様です。これらの場合には、裁判所が職権で破産手続開始決定をすることになります(会社法五七四条)。

特別清算と民事再生、会社更生

特別清算中の清算株式会社であっても、方針を転換し、民事再生や会社更生に移行することもできます(民事再生法二六条一項一号、会社更生法二四条一項一号)。その手続や移行時の権利関係の調整などは、やや複雑ですので、伊藤・会社更生法・特別清算法九六九頁を参照してください。

第6章　手続開始によって変わる風景一
——法的整理は誰の利益を実現するか

第2章から第5章では、破産、民事再生、会社更生、特別清算という四つの法的整理の特質を解説しました。これに九頁で説明した私的整理が加わりますが、私的整理は、法的整理の準則を背景として、参加人間の合意を媒介として、債務負担を軽減し、事業の再生を図る手続と理解してください。事業価値の毀損を避けるために、商取引債権者は巻き込まず、金融債権者のみが参加するのが通例です。そこで、以下では、法的整理の基本理念や原理を取り上げ、それが各種の法的整理の中にどのような形で顕れているかを説明します。まず本章では、法的整理が開始すると、債務者(破産者、再生債務者、更生会社、清算株式会社を意味します)と相手方との法律関係がどのように変化するかを説明しましょう。

1　手続遂行主体(破産管財人、再生債務者等、更生管財人、清算株式会社)は独自の地位を与えられるか

たとえば、破産手続開始前に債務者所有の不動産を買い受け、引渡しは受けていたが、移転

登記は済んでいなかった買主がいたとしましょう。破産手続が開始されたのちに買主は、破産管財人に対して所有権登記名義の移転を求めることができるかという問題があります。もし、破産手続が開始されていなかったとすれば、買主は、代金完済済みであれば当然に、未払い代金があればそれと引換えに、売主たる債務者に対して移転登記を求められます。ところが、その間に破産手続開始決定という出来事が起きてしまうと、風景が一変し、買主は、不動産の所有権を破産管財人に対して主張し、移転登記を求めることができず、すでに引渡しを受けた目的物は、破産管財人に返還しなければなりません。

破産管財人の場合

なぜ、このような一見不合理な結果が生じるのでしょうか。それを解くカギは、民法一七七条にあります。同条は、「不動産に関する物権の得喪及び変更は、不動産登記法（平成十六年法律第百二十三号）その他の登記に関する法律の定めるところに従いその登記をしなければ、第三者に対抗することができない」と規定しています。買主への所有権の移転が、ここでいう「不動産に関する物権の得（所有権の取得）」（傍線およびかっこ内は筆者による）にあたります。それは、登記をしなければ、第三者に対抗（効果の主張）できないのです。ここでは、財産の種類として不動産を取り上げていますが、動産や債権についても同種の規定があります(民法一七八条・四六七条、動産及び債権の譲渡の対抗要件に関する民法の特例等に関する法律三条)。

次は、ここでいう第三者の中に破産管財人が含まれるかどうかです。これは第三者という概念をどのように理解すべきかという、解釈問題と呼ばれるものですが、現在では、破産管財人を含むという考え方が確立されています(伊藤・破産法・民事再生法三五八頁)。したがって、右の例でいえば、買主は所有権の取得を破産管財人に対して主張することはできないという結果になるわけです。それは、一見不合理なように見えますが、いったん破産手続が開始された以上、優先されるのは、破産債権者の利益であり、破産債権者全体がここでいう第三者にあたり、破産管財人は、その利益を代表する者という表現もできるでしょう。

買主の立場に立っても、売買契約の締結と代金の支払いに引き続いて対抗要件たる登記名義の移転を受けることができたのですから、それを遅らせていた以上、所有権の取得を破産管財人に対抗できないという不利益を受けてもやむをえないということもできます。同様のことは、抵当権についても起こりえます。貸付けをして債務者の不動産に抵当権を設定し、登記に必要な書類を整えたものの、直ちにその登記を行わないままにしていたところ、債務者に破産手続が開始されたときに、破産管財人に対して抵当権の効力を主張できるかという問題です。これは登記留保と呼ばれますが、所有権の移転登記と同様に考えれば、抵当権の効力主張を否定すべきことになります。ただし、私的整理では、このあたりも柔軟に処理されているようです(伊藤・破産法・民事再生法五五頁)。

他の手続遂行主体の場合

それでは、民事再生、会社更生、特別清算においては、この問題はどのように考えればよいのでしょうか。といっても、再生手続の管財人(再生管財人)、会社更生の管財人(更生管財人)については、違いはありませんね。債務者の清算価値を破産債権者に配分する破産手続、継続事業価値を再生債権者や更生債権者等に配分する再生手続と更生手続、目的は違いますが、再生債権者の利益を代表する再生管財人、更生債権者等の利益を代表する更生管財人に第三者性が認められ、手続開始前に行われた権利の移転や設定は、開始前に対抗要件を備えない限り、その効力を主張できないとの解釈が確立しています。

それでは、再生債務者はどうでしょうか。ＤＩＰ型については、これまでも何度か触れていますが(本書二〇、五八頁)、再生手続開始前の主体がそのまま開始後も業務遂行権や財産の管理処分権を保持している再生債務者が、手続開始決定があると、突然「第三者」に変身するのには違和感を感じるでしょうね。しかし、六〇頁でお話しした公平誠実義務を思い出してください。再生債務者は、再生手続開始前と異なって、再生債権者の利益を実現する職務を負う再生手続の機関に変身するのです。それを根拠として、再生債務者にも第三者性を認める考え方が一般的です(伊藤・破産法・民事再生法九三六頁)。

最後に、特別清算における清算株式会社(清算人)はどうでしょうか。実は、各種の管財人や再生債務者の場合と異って、清算株式会社に第三者性を認めるべきかどうかについての考え方は確立していません。私自身は、特別清算開始後の清算人の公平誠実義務(会社法五二三条。本書八八頁)を根拠として第三者性を認める立場ですが(伊藤・会社更生法・特別清算法九〇四頁)、今後の判例などが待たれるところです。

2　詐欺的商法と破産管財人の地位——不法原因給付を取り返せるか

ときおり詐欺的商法を行った事業者の破産が社会的関心を引くことがあります。債権者申立ての破産は、こうした事業者の活動を止め、多数の被害者の救済を図るための役割を果たすものです。最近では、ジャパンライフの破産事件が注目を引いています。ただ、破産手続が開始した時点では、事業者の資産が外部に流失してしまっていることが多く、被害者救済のためには、それを取り戻すのが破産管財人の重要な仕事です。その中で、次のような法律問題が生じることがあります。

無限連鎖講(ネズミ講)の事業者が、勧誘行為を行った従業員に高額報酬を支払っているときに、破産管財人はそれを取り返すことができるでしょうか。違法行為を行わせるための雇用契約が公序良俗違反(民法九〇条)として無効であれば、従業員の報酬受領は法律上の原因なく利益を受けたことになりますから、不当利得(民法七〇三条)として取り返すことができるはずです。公序良俗違反とは、行為の反社会性をいう法律用語です。

しかし、なお問題があります。民法七〇八条本文は、「不法な原因のために給付をした者は、その給付したものの返還を請求することができない」と規定しています。不法原因給付と呼ばれる規定ですが、この場合の事業者は、不法な原因のために従業員に対して報酬という給付をした者にあたりますから、報酬の返還を求めることはできない、つまり報酬返還請求権を行使することはできない、そうであるとすれば、事業者の財産について管理処分権を行使する破産管財人も、報酬の返還を求めることができないとの結論になりそうです。しかし、それでは被害者救済の目的が達せられません。

この問題は、昭和六〇年代の豊田商事事件で注目を集めましたが(伊藤・破産法・民事再生法二頁)、近年の最高裁判決でも取り上げられ、不法原因給付であることを理由とする返還請求権行使の制限は、破産管財人には及ばず、破産管財人は、破産債権者(被害者)の利益を実現するために返還を求められるとしています(伊藤・破産法・民事再生法三五四頁)。九六頁に述べたのと同様に、破産債権者の利益のために債務者(破産者)の財産を管理処分する破産管財人の地位を重視したものです。

第7章　手続開始によって変わる風景二

——契約関係の変容

事業活動も消費生活も、様々な契約関係の束を基盤としています。事業活動でいえば、店舗敷地の賃貸借、原材料の仕入れ、下請けに対する発注など、消費生活でいえば、電気、ガスなどの供給、いまや生活必需品となったスマホの利用などを考えてください。このような契約の当事者について破産が開始されたときには、どのような事態が生じるのでしょうか。なお、破産に即してお話ししますが、民事再生と会社更生では、以下の説明がほぼそのままあてはまります。

局面を三つに分けます。第一は、契約にもとづく義務の履行を双方が終了しているときです。この場合には、契約関係が過去のものとなっていますから、当事者の一方または双方が破産しても、破産管財人が契約関係に介入する必要は生じません。第二は、一方の義務履行が完了し、他方の義務履行が未完了のときです。たとえば、不動産売買契約の売主は引渡しなどの義務履行を完了し、買主の代金支払義務が未完了の状態で、買主に破産が開始したことがこれにあたります。このときは、売主が売買代金債権を破産債権(破産法二条五項。本書三六頁)として行使することになりますから、やはり管財人が契約関係に介入する必要は生じません。

第三は、双方の義務が未だ完了していない段階で、契約当事者のいずれかについて破産が開始されたときです。右の例でいえば、売主が目的物を引き渡したが、登記を移転する前、買主が売買代金の半額を支払った状態で、買主について破産が開始したとしましょう。破産財団と破産債権についての説明（本書三〇、三六頁）にもとづいて、かつ、契約関係が継続することを前提とすれば、破産者（買主）の持つ移転登記請求権は、破産財団所属の財産として破産管財人が行使し、相手方（売主）の売買代金債権は、破産手続開始前の原因（売買契約）にもとづく財産上の請求権として破産債権となります。

しかし、これは、あまりにも不公平な結果と映るでしょう。売主は、目的不動産の所有権を完全に手放さなければならないにもかかわらず、その対価である売買代金債権は、破産債権として配当による満足に甘んじなければならないからです。

逆の状況も考えられます。請負契約を考えてみましょう。注文者が工場の建設請負契約を締結しましたが、破産によって工場建設を断念するとします。そのときに注文者の破産管財人は、請負契約を解除できるのでしょうか。相手方である請負人はどうでしょう。たとえ破産管財人が請負仕事の完成を望むにしても、請負人としては、請負代金の支払いがなされるのか不安がありますね。また、請負関係そのものについては解消するとしても、それまでした仕事の費用や報酬などは損害賠償として破産管財人に対して請求できるのでしょうか。

1　双方未履行双務契約の取扱い

右の第三の場合、つまり双務契約(契約当事者双方が互いに義務を負う契約)において双方の義務の全部または一部が未履行の状態で、一方について破産が開始された状況を双方未履行双務契約と呼んでいます。それについての一般原則を定めているのが、破産法五三条、民事再生法四九条、会社更生法六一条です。これに対し、特別清算については、対応する規定がありません。

さらに、契約類型に応じて、破産法、民事再生法、会社更生法にいくつかの特別規定があり、それに加えて、民法にも特別規定が設けられています。そのすべてについてここで説明することはできませんので、まず、一般原則について記述し、引き続いて継続的給付を目的とする契約、賃貸借契約、請負契約の三つについて、破産などの手続開始後にどのような変化が生じるかを解説します。

2　一般原則

破産法五三条一項は、「双務契約について破産者及びその相手方が破産手続開始の時において共にまだその履行を完了していないときは、破産管財人は、契約の解除をし、又は破産者の債務を履行して相手方の債務の履行を請求することができる」と規定します。民事再生法四九条一項、会社更生法六一条一項も同趣旨です。この規定は、双方未履行の状態にある双務契約について破産管財人にそれを解除するか、履行を求めるかの選択権を与え、契約関係からの離脱か存続かを確定させようとするものです。そして、破産管財人が解除の選択をすると、相手方は、損害賠償を請求することができますが、それは破産債権（再生債権、更生債権）になります（破産法五四条一項、民事再生法四九条五項、会社更生法六一条五項）。

逆に、破産管財人が相手方に対して履行を求める選択をすると、相手方はその契約上の請求権を財団債権（共益債権）として行使できます（破産法一四八条一項七号、民事再生法四九条四項、会社更生法六一条四項）。財団債権（共益債権）の地位については、四〇頁で述べた通りですが、相手方に対して履行を求める以上、管財人の側も相手方に対して本来の義務の履行をしなければならないという趣旨です。

3　継続的給付を目的とする契約

売買契約であれ、役務(サービス)提供契約であれ、現代社会では一回限りの給付を内容とする契約よりも、継続的な給付を内容とする契約が多いと思います。日常生活の中でも、電力、ガス、水道、スポーツジムや携帯電話の利用契約を考えていただければよいでしょう。事業者の原材料仕入契約や清掃業務委託契約なども継続的給付の代表例です。契約期間中に当事者が破産したとき、残期間の双方の義務が残っていますので、双方未履行双務契約に該当します。

たとえば、清掃業務の委託契約期間中に事業者が破産し、前月分の委託料金が未払いであったとします。事業を廃止するにしても一定期間の清掃業務は不可欠ですから、破産管財人は契約の履行を選択するのが通常でしょう。その結果、破産手続開始後の委託料金が財団債権になることは当然ですが、開始前の不払い分はどうなるかについて、二つの考え方が成り立つのです。一つは、基本契約が一つであり、破産管財人がそれについて履行の選択をした以上、過去の不払い分も財団債権となるという考え方です。もう一つは、毎月の清掃業務と代金の支払いが繰り返されているのであるから、各月ごとに分けて考えれば、破産手続開始後の業務について履行の選択をしたからといって、過去の不払い分が財団債権になることはないとの考え方です(伊藤・破産法・民事再生法三九〇頁参照)。この考え方によると破産手続開始前の不払い分は破産債権になります。財団債権と破産債権との違いについては、四〇頁の説明をご覧ください。

しかし、現在では、この問題は破産法五五条(民事再生法五〇条、会社更生法六二条)によって解決されています。規定の内容を簡略に説明すれば、開始申立てから開始決定までになされた給付の対価は財団債権、それ以前の給付の対価は破産債権に区別し、相手方は、破産債権部分についての弁済がないことを理由として、破産手続開始後の義務の履行を拒絶できないとするものです。いわば右に述べた二つの考え方を折衷したといえましょう。

4　賃貸借契約

賃貸借契約は、賃貸人が賃借人に目的物を使用させる義務を負い、その対価として賃借人が賃貸人に賃料を支払う義務を負いますから(民法六〇一条)、双務契約です。そして、賃貸借期間中にいずれかの当事者について破産が開始すれば、双方の未履行義務が残りますので、双方未履行双務契約にあたります。したがって、破産法五三条（民事再生法四九条、会社更生法六一条）が適用されるはずですが、多少複雑な問題がありますので、賃借人の破産と賃貸人の破産とに分けて、それぞれについて説明します。

(1) 賃借人の破産

現行破産法制定前は、平成二九年改正前の民法に賃借人の破産に関する特別の規定（旧六二一条）が置かれ、そこには賃借人の破産管財人と賃貸人の契約解除権などが規定されていました。しかし、賃借人の破産を理由として賃貸人に契約解除権を認める理由はないとの批判が多く、現行破産法の制定時にこの規定は削除され現在に至っています。したがって、賃借人の破産管財人は、破産法五三条の一般原則にもとづいて賃貸借の継続か解除かを選択することになりますが、破産の場合には、賃貸借を継続する必要性が少ないこと、解除によって賃貸借が終了すれば、賃借人が差し入れてある敷金が破産財団に組み込まれることなどから、解除を選択することが多いようです。

(2) 賃貸人の破産

賃貸人の破産において破産法五三条の一般原則を適用すれば、破産管財人は、賃貸借契約を解除することができます。しかし、それを認め、土地や建物の賃貸借のケースを考えると、賃借人は、自己に関係のない賃貸人の破産という出来事によってその賃借権を失ってしまうことになります。このような結果は不当ですので、破産法五六条は、「賃借権その他の使用及び収益を目的とする権利を設定する契約について破産者の相手方が当該権利につき登記、登録その他の第三者に対抗することができる要件を備えている場合には」、五三条の一般原則を適用しないと規定します。ここでいう「使用及び収益を目的とする権利」には、賃借権のほかにライセンス契約にもとづくライセンシーの権利などが含まれます。ただし、五三条の一般原則を排除するためには、賃借権やライセンシーの権利について対抗要件(民法六〇五条・六〇五条の二、特許法九九条など)を備える必要があります。

さらに、転貸借契約(サブリース)の場合には、より複雑な問題が生じます。賃貸人↓賃借人兼転貸人↓転借人という関係が成立しているときに、賃借人兼転貸人が破産すれば、その破産管財人は、転貸借契約を解除することはできないが、賃貸借契約を解除することができるとすれば、新たに賃貸人と転借人との間の賃貸借契約が成立するのか、敷金はどうなるのかなどの問題です。これについては、伊藤・破産法・民事再生法四〇〇頁を参考にしてください。

5　請負契約

請負契約は、請負人が仕事完成の義務を負い、注文者が報酬支払いの義務を負いますので、双務契約であり(民法六三二条)、かつ、仕事完成前であって報酬の未払部分が残った状態で破産が開始すれば、双方未履行双務契約に該当します。そこで、注文者の破産と請負人の破産とに分けて、説明します。

(1) 注文者の破産

注文者の破産については、民法六四二条が特別の規定を置いていますので、破産法五三条ではなく、民法の規定が適用されます。破産法五三条との違いは何点かありますが、一番大きな差異は、注文者の破産管財人だけではなく、請負人にも契約の解除権が認められている点です(民法六四二条一項本文)。これは、請負人の報酬請求権は財団債権になるとしても、破産者である注文者を相手に請負仕事を完成させなければならないという請負人の不安を重視したものです。

ただし、注意しなければならないのは、民法の規定は、破産についてのみ適用されますから、注文者に民事再生や会社更生が開始したときには、民事再生法四九条や会社更生法六一条の規定が適用されることです。

また、主として不動産工事の請負契約に関連する問題として、請負人または注文者の破産管財人が解除を選択したときに、建物の出来高(完成途上の建物部分)が請負人に帰属するのか、注文者に帰属するのか、履行を選択し、建物が完成したときに、請負人が商事留置権(商法五二一条本文)を行使して、請負代金全額の弁済を受けるまでは建物の引渡しを拒むことができるのかなど、多くの問題があります。それらについては、伊藤・破産法・民事再生法四〇八頁以下を参照してください。

(2) 請負人の破産

請負人の破産における請負契約の扱いについては、立法の変遷がありました。その主たる原因は、請負仕事の特質にあります。個人の大工さん(請負人)が住宅の建築を請け負っている場合を考えてください。破産法五三条の一般原則を適用すれば、破産管財人は、履行か解除かの選択権を行使することになりますが、解除の場合はともかく、履行を選択したときには、破産管財人が大工さんを働かせることになるのでしょうか。一〇六頁で説明した継続的給付を目的とする双務契約の規定についても、労働契約は適用対象外とされていること（破産法五五条三項）を考えても、不自然な感じがしますね。

旧破産法六四条は、この問題について次のように定めていました。原文は、漢字カタカナ文語体ですが、大意を現代文で表現すれば、第一項「破産者が請負契約によって仕事をなす義務を負担するときは、破産管財人は必要な材料を提供し、破産者にその仕事をさせることができる。その仕事が破産者自らする必要がないものであるときには、第三者にその仕事をさせることができる」、第二項「破産者がその相手方から受けるべき報酬は破産財団に属する」というものです。

なぜ、このような規定が置かれたかといいますと、請負は、請負人の個人的な仕事を内容とするから、一般原則にしたがって破産管財人が履行の選択をし、請負人に仕事を強いるのは適切ではない、しかし、場合によっては、破産管財人が必要な材料を提供して請負人に仕事をさせたり、代替性のある仕事については第三者に代わって仕事をさせたりすることができる、その場合には、請負仕事の報酬請求権は破産財団所属の財産になるという考え方を表現したものです。

しかし、請負人が個人でなく、法人である場合には、このような考え方は合理性がなく、また個人の場合にも、どのような条件で請負人に仕事を続けさせるか、それとも第三者に仕事を任せるかは、請負契約の履行か解除かの選択にあたって破産管財人の判断に委ねれば足りると考えられたため、現行破産法は、旧六四条に対応する規定を設けていません。民事再生法や会社更生法についても同様です（伊藤・破産法・民事再生法四一二頁）。

6　ファイナンス・リース

ときには、ある契約が双方未履行双務契約に該当するかどうかが争われることがあります。リースは、所有権を持つ者（リース会社）が目的物をユーザーに使用させ、ユーザーがリース料をリース会社に支払う契約です。したがって、リース期間中にユーザーについて破産手続（民事再生手続、会社更生手続）が開始したとすれば、ユーザーには、残リース期間のリース料を支払う義務が、リース会社には、目的物をユーザーに使用させる義務が残っていますから、双方未履行双務契約にあたりそうですね。賃貸借契約における賃借人の破産と同様に考えることができます。

しかし、判例は、双方未履行双務契約性を否定して、いったんユーザーに引き渡した以上、リース会社の側に目的物をユーザーに使用させる積極的義務は残っておらず、リース会社が持つ所有権は、残リース料債権を担保するための権利であるから、双方未履行双務契約には該当しないとの考え方をとっています(伊藤・破産法・民事再生法四〇五頁、伊藤・会社更生法・特別清算法三〇七頁)。

このようにお話ししても、分かりにくい問題かと思いますので、むしろ、双方未履行双務契約とするかどうかで、どのような違いがあるのかを説明する方がよいでしょう。問題は、目的物を事業継続のために使用し続ける必要がある民事再生や会社更生の場合に顕在化するのです。双方未履行双務契約に該当するのであれば、再生債務者等や更生管財人がリース契約について履行の選択をすることになりますから、リース会社の残リース料債権は、共益債権となり(民事再生法四九条四項、会社更生法六一条四項)、再生手続や更生手続によらないで随時弁済されることになります(民事再生法一二一条一項・二項、会社更生法一三二条一項・二項)。いわば、残リース料の支払いについてリース会社は有利な、再生債務者や更生会社は不利な立場になるワケです。

これに対して、双方未履行双務契約性を否定して、リース会社は、残リース料債権とそれを担保するための所有権を持つと構成すると、特に会社更生の場合には更生担保権とされ（本書七四頁）、更生計画によらなければ弁済を受けられませんし、その弁済の内容も更生計画によって変更される可能性がありますし、民事再生の場合でも担保権消滅請求（本書一四九頁）の対象とされることもありえます。いわば、リース会社は不利な、再生債務者や更生会社は有利な立場になるワケですね。双方未履行双務契約性を否定する考え方の背後には、こうした判断があるのかもしれません。

7　その他の契約関係

現代経済における契約の種類は無限といってもよいでしょう。それらの契約当事者が破産したときに、破産法五三条の一般原則が適用されるかどうかについては、まず、その契約が双務契約に該当するかどうかの判断が必要です。たとえば、使用貸借契約（民法五九三条）は、貸主の目的物引渡し義務と借主の返還義務がありますが、双方が対価関係にないために双務契約とはみなされず、双方未履行双務契約の一般原則が適用されません（伊藤・破産法・民事再生法三九二頁注七九）。

次に、双務契約性が肯定されることを前提として、破産開始時において双方の側に未履行義務が存在するかどうかが重要です。それが存在し、かつ、4の賃貸借契約や5の請負契約と同じ性質の契約でない限り、破産法五三条の一般原則が適用され、破産管財人が履行か解除かの選択ができることになります。

ただし、その場合でも、解除権の行使によって相手方との関係で著しく不公平な結果が生じるときは、破産管財人による解除権の行使が許されないとの判例法理が確立されていますので（伊藤・破産法・民事再生法三八五頁）、具体的な案件を考えるについては、その点の注意も必要です。

8　相手方からの契約解除――倒産解除条項の効力

これまで、双方未履行双務契約を中心として、その一方当事者である破産者の破産管財人からの解除を説明してきました。しかし、継続的給付を目的とする双務契約における買主の破産を考えればお分かりいただけるように、売主としては、破産管財人を相手方として契約関係を維持し、給付を続けることには不安がありますね。事業を廃止するのが通例である破産では、破産管財人が契約の履行を求めることは少ないでしょうが、民事再生や会社更生でも不安が絶無というわけではないでしょう。契約が維持されるときには、相手方の代金支払請求権などは財団債権（共益債権）として優先的地位を与えられますが、それでも不安が完全に解消されるとは思えません。

このような事態に備え、あらかじめ契約の中に、「契約の一方当事者について、破産手続、民事再生手続、会社更生手続の申立てや開始決定がなされたときには、相手方はその契約を解除することができる」、または「当然に解除されたものとみなす」という趣旨の条項を入れておくことが考えられます。この種の条項を倒産解除条項と呼びますが、その効力をめぐって古くから議論があります。一方では、相手方の地位を保護するためには、倒産解除条項の効力を認めることが必須であるという考え方があり、他方では、効力を認めると、双方未履行双務契約について破産管財人に契約の履行か解除かの選択権を与えたことが無意味になるとか、所有権留保売買（本書一三九頁）においてこの種の解除権行使は、担保権の実行の前提となるものであり、これを認めると、会社更生において担保権の実行を禁止し（本書七五頁）、民事再生においても担保権実行禁止の可能性を認めていること（民事再生法三一条。伊藤・破産法・民事再生法八四七頁）が無意味になってしまうという考え方があります。

議論が完全に収斂したとはいえませんが、近時は、判例、学説、実務において後者の考え方が支配的になり、倒産解除条項の効力を否定するのが一般的であるといってよいでしょう（伊藤・破産法・民事再生法三八七頁、伊藤・会社更生法・特別清算法二九四頁）。

第8章　管財人の強腕《strong arm》

——否認権の行使

否認権、それは法的整理最大の武器です。なぜなら手続開始前に有効に行われた行為、たとえば破産者が行った売買や担保権設定の効力を覆すことを認めるのですから。ただし、四つの法的整理の中で否認の制度を持つのは、特別清算を除いて、破産、民事再生、会社更生の三つのみです。私的整理は、それが法律上の根拠を持つものであっても（本書一〇頁）、もちろん否認とは無縁です。本章では、なぜ否認という、一見乱暴な？ 権限行使が認められているのかを説明します。

1 詐害行為取消権と否認権

民法四二四条以下に詐害行為取消権の制度が設けられています。詐害行為取消権と否認権とは、古くその源を共通にするといわれ、いったん有効になされた債務者の行為の効力を覆し、失われた財産を取り戻すことを目的とする点で、否認権と共通性が認められます。特に、平成二九年の民法改正によって、「相当の対価を得てした財産の処分行為の特則」（民法四二四条の二)、「特定の債権者に対する担保の供与等の特則」(同四二四条の三)、「過大な代物弁済等の特則」(同四二四条の四)、「転得者に対する詐害行為取消請求」(同四二四条の五)などの規定が新設されましたが、これらの規定は、破産法の否認権の規定を参照したものですから、詐害行為取消権と否認権の違いは相当程度縮まったといえます。

しかし、詐害行為取消権は、あくまで個々の債権者が自らの権利を保全するための手段であり、財産の種類によっては、取消しの効果としての財産の返還も自己になすよう求められるのと比較して、否認権は、破産財団(再生債務者財産、更生会社財産)を増やすための手段であり、その成果は、すべての破産債権者(再生債権者、更生債権者等)に分配されます。この点で、二つの制度の間には、依然として大きな違いがあるといってよいでしょう。以下、破産法上の否認を中心として説明します。

2　否認の類型

否認の類型は、対象となる行為の特質に応じて、詐害行為否認(破産法一六〇条一項・二項)、無償行為否認(同条三項)、偏頗《へんぱ》行為否認(破産法一六二条)に大別されます。いずれも、破産者が破産手続開始前にした行為を対象とするものですが、詐害行為否認は、破産債権者を害する行為を、無償行為否認は、無償行為を、偏頗行為否認は、既存の特定の債務についてされた担保の供与または債務の消滅に関する行為を否認の対象とします。偏頗とは、日常用語としては使われませんが、かたよった、不公平な、という意味です(本書五〇頁)。

もう少し内容に立ち入って説明しますと、次のようなことになります。詐害行為否認の対象となる債権者を害する行為(詐害行為)とは、債権者全体に対する弁済の原資(これを責任財産と呼びますが)を減少させる行為です。典型的には、重要な資産である不動産を廉価(安価)で売却するなどの行為を指します。ただし、他の責任財産が十分にあれば、廉価売却をしても債権者を害するおそれはありませんので、債務者の資産状態が悪化していることが前提です。

無償行為とは、詐害行為を極端にしたもので、無償または名目的な対価で責任財産に属する財産を譲渡したり、消滅させたりするなどの行為です。無償行為否認は、このような行為について、緩やかな要件の下で否認を認めます。

具体的には、偏頗行為の内容は、担保の供与や弁済により特定の債権者を優遇し、債権者平等を害する行為です。もっとも、詐害行為否認についてお話ししたのと同様に、責任財産が十分にあれば、特定の債権者に担保の供与等をすることは、他の債権者に対する影響を生じませんので、やはり行為の当時債務者の資産状態が悪化していることが前提です。以下、それぞれの否認類型に即して、もう少し立ち入った説明をいたします。

3　詐害行為否認

詐害行為の意味は、右に述べた通りです。基本的な規定は、破産法一六〇条一項一号（民事再生法一二七条一項一号、会社更生法八六条一項一号）ですが、自らの行為が詐害行為にあたること、つまり自らが支払不能や債務超過の状態にあるか、またはその状態に陥ることが確実に予測される時期にあたるという認識と自らの行為によって責任財産を減少させるとの認識が必要です。これを破産者の詐害意思と呼びます（破産法一六〇条一項一号本文）。詐害意思の存在は、基本要件ですので、旧破産法時代は、詐害行為否認のことを故意否認と呼んでいました。ただし、受益者（前頁の例でいえば、廉価売買の買主）の側で、詐害行為であることを知らなかったこと（善意）を立証すれば、否認を免れます（同但書）。

特殊類型①──支払停止または破産手続開始申立て後の詐害行為

支払停止とは、資力の欠乏のために弁済期の到来した債務を支払えない旨を表示する債務者の行為を指します（伊藤・破産法・民事再生法一一七頁）。この行為が発生しますと、資産状態の悪化が外部に明らかになりますから、否認の要件として詐害意思の存在を要求する理由がありません。破産手続開始申立ての事実があった場合も同様です。そこで、この場合には、詐害意思の存在と関係なく詐害行為否認の成立を認めます（破産法一六〇条一項二号本文）。ただし、受益者に予期しない不利益を与えるのを避けるために、受益者が支払停止等の事実および破産債権者を害することを知らなかったときは、否認を免れます（同但書）。

特殊類型②──詐害的債務消滅行為の否認

弁済など債務消滅行為は、偏頗行為否認の対象にはなりますが、詐害行為否認の対象とはしないというのが現行破産法の考え方です。しかし、たとえば、一〇〇万円の債務に対する代物弁済（民法四八二条。本来の給付に代えて別の給付をすることによって債務を消滅させる行為）として五〇〇万円の価値のある自動車を債権者に引き渡したときは、どうでしょうか。形式をみれば、債務消滅行為ですが、実質をみれば、一〇〇万円の債務額を超える四〇〇万円部分については、詐害行為ですね。そこで破産法一六〇条二項は、超過部分についての詐害行為否認を認めています。

特殊類型③――相当の対価を得てした財産の処分行為の否認

破産者が一億円の評価額の不動産を保有しているときに、それを一〇〇〇万円で売却する行為は、詐害行為否認の対象となります。それでは、一億円で売却したらどうでしょうか。一億円の価値がある不動産が一億円の金銭に姿を変えただけとみれば、詐害行為にあたりませんが、不動産に比べて金銭は隠匿しやすいですね。その点に着目すれば、詐害行為とする可能性を認める必要がありそうです。

旧破産法の下では、適正価格による不動産の売却が否認できるかどうかとして議論されてきましたが、現行破産法は、一六一条という規定を設けて問題の解決を図りました。基本的な考え方は、特別の要件を設けて詐害行為否認の可能性を認めるものです。特別の要件とは、第一に、対価としてうる金銭について破産者が隠匿等の処分をするおそれを現に生じさせることであり、第二は、破産者がその意思を持っていたことであり、第三は、相手方がその意思を知っていたことです(同条一項)。破産管財人がこれらの要件にあたる事実を立証するのは容易ではないと思われますが、相手方が内部者（法人の役員や支配株主、個人破産者の親族など）の場合については、立証の負担が軽減されています（同条二項）。

4　無償行為否認

無償で財産を譲渡したり、債務を負担したりするのは、詐害行為の極致ともいうべき行為ですから、詐害行為否認に比較すると、ゆるやかな要件で否認が認められます。破産法一六〇条三項（民事再生法一二七条三項、会社更生法八六条三項）は、「破産者が支払の停止等があった後又はその前六月以内にした無償行為及びこれと同視すべき有償行為は、破産手続開始後、破産財団のために否認することができる」と規定しています。

対象が無償行為とこれと同視すべき有償行為とされていますが、形式的には有償行為でも、対価が名目的なものであり、経済合理性が認められない有償行為を含む趣旨です。そして支払停止等（支払停止または破産手続開始申立て）の後の行為だけではなく、その前六月以内にしたものも含むという点で要件を大幅に緩和し、しかも破産者の詐害意思や相手方がそれを知っていたことなどは要件とされていません。

無償行為の典型は、財産の贈与ですが、それだけではなく、権利の放棄や債務の免除も含まれます。古くから議論があるのが保証です（図）。AがBに債務（主債務）を負っているときに、CがAのために保証人になり（BC間の保証契約の締結）、保証人Cは債権者Bに対して、保証債務を負担することになったとします。その後に保証人Cが破産した場合、破産管財人が保証契約を無償行為として否認し、保証債務を免れることができるかがここでの問題です。

現在では、Cが保証に際して合理的な額の保証料をえていない限り、保証契約は無償否認の対象となるという解釈が確立しています（伊藤・破産法・民事再生法五八一頁）。

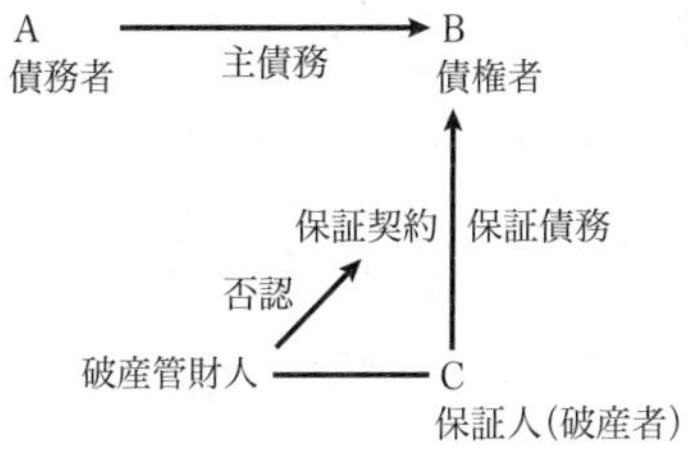

5　偏頗行為否認

偏頗行為否認は、担保の供与や弁済などを通じて破産者が特定の債権者に対して優先的な利益を与えたときに、破産管財人がその効力を覆す手段です。その基礎には、債権者平等の原則がありますが、一二二頁に述べた通り、債務者の資力が十分であれば、債権者平等の原則を働かせる必要はありません。いいかえれば、債務者の資力が不十分であるからこそ債権者を平等に取り扱い、特定の債権者に優先的な利益を与えることが不当とされるのです。

偏頗行為否認の基本規定である破産法一六二条(民事再生法一二七条の三、会社更生法八六条の三)一項柱書は、「次に掲げる行為(既存の債務についてされた担保の供与又は債務の消滅に関する行為に限る。)は、破産手続開始後、破産財団のために否認することができる」と規定していますが、かっこ書は、右に述べた債権者平等の原則との関係を考慮したものです。

債権者平等とは、すでに信用を供与した債権者の間で働く原則ですから、新規に信用を供与した者については、これに拘束されません。たとえば、救済融資、つまり危機に陥っている事業者に新たに与信をし、それと引換えに事業者の資産に担保の設定を受ける行為がこれにあたります。

比喩でいえば、救命ボートの乗客が乏しい空間と食料を分け合わなければならない状況にあるときに、新たに食料を持ち込んで来る乗客に特等席を提供するようなものでしょうか。もちろん、優遇など求めずに、食料を提供するのが望まれるかもしれませんが、危機状態にある事業者に融資をする以上、それを正当化できるだけの地位を求めるのがビジネスの論理でしょう。なお、この種の取引を同時交換的取引といいます(伊藤・破産法・民事再生法五七三頁)。

(1) 行為の時期

債権者平等の原則を基礎とした偏頗行為否認が認められるのは、破産者が危機状態に陥っていることが前提となります。破産法一六二条一項一号柱書本文が「破産者が支払不能になった後又は破産手続開始の申立てがあった後にした行為」と規定するのは、それを示すものです。他にも、受益者たる債権者が支払不能などを知っていたことなどの要件がありますが(同号イ・ロ)、これは否認の成否の判断について受益者に思わぬ不利益を与えないための配慮と理解してください。したがって、受益者である債権者が法人破産者の役員であるとか、個人破産者の親族などの内部者である場合については、知っていたものと推定することになります(破産法一六二条二項)。

(2) 義務がないにもかかわらず行われた偏頗行為に対する否認可能性の拡大

偏頗行為否認の対象となる特定の債権者に対する担保の供与や弁済は、破産者がその債権者に対する担保供与の義務があり、あるいは弁済の期限が到来していることが前提となっています。そのような前提であっても、なお債権者平等の原則に反するとして否認の対象になりうるのです。

これと比較して、担保供与の義務がないにもかかわらず担保を供与する、あるいは期限が到来していないにもかかわらず弁済をする(期限前弁済)などの行為(これを非義務偏頗行為といいます)は、どうでしょうか。形式的にみれば、偏頗行為とみられますが、実質をみれば、むしろ詐害行為に近いですね。破産法一六二条一項二号(民事再生法一二七条の三第一項二号、会社更生法八六条の三第一項二号)は、このような実質を考慮して、次のように偏頗行為否認の要件を緩和しています。

第一は、偏頗行為否認の対象行為が破産者について支払不能状態が発生した後であるという原則を変更して、支払不能になる前三〇日以内にされた行為を含むとしている点です(破産法一六二条一項二号本文)。破産管財人としては、支払不能になった時点が証明できれば、そこから三〇日をさかのぼった期間内の行為も否認の対象とすることができます。

第二は、偏頗行為否認の原則では、受益者である債権者が行為の時点での破産者の支払不能を知っていたことについて、破産管財人の側が証明しなければなりませんが、非義務偏頗行為については、債権者の側で知らなかったことを証明しなければなりませんので(同但書)、否認がより成立しやすいといえるでしょう。

その他、非義務行為の否認に関しては、いかなる約束があれば担保供与の義務を認められるかとか、本来の弁済期が支払不能前であるにもかかわらず、その後に発生した支払不能からさかのぼって三〇日以内にされれば否認が成立するのかなど、議論が分かれる点がありますが、詳細は、伊藤・破産法・民事再生法五七七頁、伊藤・会社更生法・特別清算法四二八頁を参照してください。

6　否認権は誰がどのような方法で行使するか、その効果は何か

以上のほかにも、否認権については、対象となる行為の特質などを考慮した種々の規定が設けられていますが、それらについては「はしがき」iii頁の三つの参考文献を参照いただくこととし、次に行使の主体や方法についての説明に移ります。

(1) 否認権は誰が行使するか(行使主体)

否認権は、手続開始前の破産者の行為によって失われた財産を破産財団に取り戻す手段ですから、破産財団について管理処分権を行使する破産管財人が行使することになります。これは、

再生管財人（再生債務者財産）や更生管財人（更生会社財産）についてもあてはまります（破産法一七三条一項、民事再生法一三五条一項、会社更生法九五条）。それでは、再生債務者についてはどうでしょうか。民事再生は、DIP型で再生債務者が再生債務者財産の管理処分権を保持するのが原則ですから（本書五八頁）、その原則通りとすれば、再生債務者が否認権の行使主体になるはずですね。

しかし、もう一度民事再生法一三五条一項をみると、「否認権は、訴え又は否認の請求によって、否認権限を有する監督委員又は管財人が行う」と定めています。管財人（再生管財人）は、いいですね。再生債務者に代わって再生債務者財産の管理処分権を行使する主体ですから（民事再生法六六条）。しかし、なぜ、再生債務者は現れず、「否認権限を有する監督委員」なる主体が登場するのでしょうか。この点については、民事再生法制定時の経緯があるのです。

一つの考え方としては、再生債務者財産の管理処分権を行使するのは再生債務者であり、再生債務者は、手続開始後は、債権者に対する公平誠実義務を負ってその職務を遂行するのであるから（民事再生法三八条二項。本書六〇頁）、否認権の行使も再生債務者に委ねてよいとするものでした。しかし、これに対する批判がありました。否認の対象は再生債務者の行為ですから、再生手続が開始したからといって、自らの行為の効力を否認する権限を認めるのは、いくら公平誠実義務を負っているからといって、社会の納得をえられないのではないかというものです。

この批判を受けて、再生債務者ではなく、監督委員を否認権の行使主体とすることとなりました。しかし、監督委員の本来の職務は、再生債務者に対する監督ですから（民事再生法五四条一項・二項）、否認権の行使は、その職務を超えるものです。民事再生法五六条が「裁判所は、……監督委員に対して、特定の行為について否認権を行使する権限を付与することができる」と規定するのは、このような経緯によるものです。監督委員本来の職務は、再生債務者の業務執行や財産管理処分に対する監督ですが、否認対象行為がみられるときには、それに限って否認権を行使、つまり再生債務者財産に関する管理処分権を与えるというのが、この規定の趣旨です。

（2）否認権はどのような方法で行使するか（行使方法）

否認権の行使方法は、「訴え、否認の請求又は抗弁」であるとして共通しています（破産法一七三条一項、民事再生法一三五条一項、会社更生法九五条一項）。イメージとしては、お分かりになると思いますが、少し立ち入って説明しましょう。用い方としては、訴えと否認の請求は、破産管財人が否認権を攻撃手段として用いる場合、抗弁は、防御手段として用いる場合と区別できます。

（ア）訴えによる否認権行使

一二五頁の例で述べたように、破産手続開始前に破産者が時価一億円の不動産を一〇〇〇万円で売却した事実を破産管財人が把握したとします。破産管財人が原告となって買主を被告として、売買の結果である買主への登記について否認の登記（伊藤・破産法・民事再生法六二九頁）を求めたり、買主に対して目的物の返還を求める訴えを提起するのが、訴えによる否認権行使です。訴えが認められれば、登記名義や目的物が破産者の財産（破産財団）に復帰することとなります。その場合には、買主は、破産管財人に対し代金一〇〇〇万円の返還を求めることができます（破産法一六八条一項一号、民事再生法一三二条の二第一項一号、会社更生法九一条の二第一項一号）。

（イ）否認の請求による否認権行使

訴えによる方法は、厳格な手続なので、判決をうるまでに相当の時間を要することが多く、破産管財人に否認権行使をためらわせるおそれがあります。そこで現行破産法は、より簡易な裁判手続として、否認の請求という方法を認めました(破産法一七四条、民事再生法一三六条、会社更生法九六条)。詳細は、伊藤・破産法・民事再生法六二二頁以下を参照いただくことにして、趣旨は、簡易な審理によって迅速に否認の成否を裁判所が判断する手続です。ただし、否認の請求を認める裁判に対しては、相手方が異議の訴えを提起することが許されています(破産法一七五条、民事再生法一三七条、会社更生法九七条)。つまり、否認の請求とそれを認める裁判に対する異議の訴えという二階建ての構造ですので、(ア)の訴えによる方法に比べて、かえって時間がかかることもありえます。否認権を行使する立場にある破産管財人としては、相手方の対応などを予想しながら、(ア)か(イ)のいずれかの方法を選択します。

(ウ)　抗弁による否認権行使

抗弁とは、訴訟における被告の防御手段の一つです。売買代金支払請求訴訟において、被告の側が、代金はすでに支払ったと主張する弁済の抗弁などが代表的なものですが、(ア)の例で、破産手続開始の段階では、目的物の引渡しがされておらず、買主の側から目的物の引渡しを求める訴訟が破産管財人を被告として提起されたときに、破産管財人が売買契約を詐害行為として否認すると主張し、請求の棄却を求めるのが、抗弁による否認権行使にあたります。

（3）否認権行使の効果

破産法一六七条一項「否認権の行使は、破産財団を原状に復させる」というのが、否認権行使の効果を定める基本規定で、民事再生法一三二条一項および会社更生法九一条一項も同趣旨です。つまり、否認対象行為の結果として失われた財産が破産財団に復帰するという意味です。ただし、現実に破産管財人がその財産を管理処分するためには、金銭や物の返還を受けたり、登記名義を回復（否認の登記）する必要があります。一三四、一三五頁で述べた訴えや否認の請求はそのための手段です。

ただ、ときによっては、滅失その他の事情によって目的物の返還自体が困難または不可能な場合もありえます。そのための手段としては、破産管財人は、価額償還請求として目的物の価額に相当する金銭の支払いを求めることも可能です（破産法一六八条四項、民事再生法一三二条の二第四項、会社更生法九一条の二第四項。伊藤・破産法・民事再生法六三三頁、伊藤・会社更生法・特別清算法四八二頁）。

第9章　優先的地位の処遇

——担保権と法的整理

責任財産が全債権者に対する弁済に不足する事態に陥り、債権者平等の原則が適用される場面でも、一群の債権者には、優先的地位が認められます。その一群とは、担保権を有する債権者を意味します。担保権とは、「他の債権者に先立って自己の債権の弁済を受ける権利」(民法三〇三条、三四二条、三六九条一項)を中核とします。これを優先弁済権と呼び、優先弁済を受ける債権を被担保債権と呼びます。民法典上、優先弁済権を認められているのは、先取《さきどり》特権、質権、抵当権の三種です。ただし、この三種の担保権についても、異なった性質のものが含まれていますし、これ以外にも担保権として扱われているものがあります。法的整理に直接に関係する限りで、それをここで簡単に説明します。

なお、以下の記述では、記述を簡明にするため、債務者自らの財産に担保権が成立することを想定していますが、他に、債務者のために第三者が自らの財産に担保を設定する物上保証と呼ばれる形態があります。

まず、留置権について説明しましょう。留置権は、被担保債権の弁済を受けるまで目的物を留置する権能をいいます(民法二九五条、商法五二一条、会社法二〇条)。留置権は、優先弁済権を含んでいないという意味では、本来の担保権と区別されますが、債務者は目的物の引渡しを求めるためには、被担保債権を弁済しなければならないのですから、担保権と同様の機能を持つといってよいでしょう。法的整理の中でも商法や会社法の規定にもとづく留置権は、担保権として扱われます（破産法六六条一項、民事再生法五三条一項、会社更生法二条一〇項）。

次に、所有権留保に移ります。所有権留保は、自動車や機械類の売主が売買代金債権を担保するために発達した担保権であり、売買成立時に目的物は買主に引き渡す一方、代金完済までは所有権は売主に留保するというもので、民法典などに規定はありません。このように法典に規定のない担保権を非典型担保と呼び、規定のある典型担保と対比します。所有権留保売主は、売買契約成立とともに目的物を買主に引き渡しますが、所有権やその所在を公示する登録などは売主に留保し、代金完済時に買主に移転します。つまり売買代金債権を被担保債権とし、所有権を担保として利用しているのです。買主が代金債務の履行を怠れば、売主は、目的物を買主から引き上げて、それを換価し、残代金債権に充当します。

同じく非典型担保である譲渡担保も所有権を担保として用います。債務者がその所有する不動産などの所有権を債権者に移転し、債務を完済したときに所有権を債務者に戻す、債務者が債務の履行を怠れば、債権者は所有する目的物を換価して、残債権に充当します。所有権留保も譲渡担保も被担保債権の完済を確保するために、債権者が目的物の所有権を「預かる」のですね。

1　総財産上の担保と特定財産上の担保

このように、現代社会の信用取引の中では各種の典型担保と非典型担保が用いられますが、担保目的物の視点からみると、債務者の総財産を目的物とするものと特定財産を目的物とするものとに分けられます。

総財産の上の優先権①——優先的破産債権と優先的更生債権

総財産を目的物とするのは、未払い給料など雇用関係にもとづく債権などに付される一般の先取特権(民法三〇六条)や企業財産全体に設定される企業担保権(企業担保法二条一項)などですが、総財産を目的物とする点では、担保権のない債権(一般債権)と同質性がありますね。この種の担保権を持つ債権を優先的破産債権(破産法九八条一項)や優先的更生債権(会社更生法一六八条一項二号)として手続に参加させるのは、この同質性を重視するためです。破産は、手続開始時の破産者の総財産である破産財団を換価し、配当するのですから、総財産についての優先権を持つ一般の先取特権などを配当において優先させれば十分という考え方ですね。更生計画（本書七五頁）にもとづく優先的更生債権の取扱いも同様です。

総財産の上の優先権②——一般優先債権

ただし、民事再生においては、異なった取扱いがされています。民事再生法一二二条一項は、「一般の先取特権その他一般の優先権がある債権（共益債権であるものを除く。）は、一般優先債権とする」とし、同条二項は、「一般優先債権は、再生手続によらないで、随時弁済する」と規定しています。再生債務者財産全体についての優先権である一般の先取特権などを再生手続に組み込まず、随時弁済、つまり再生計画によらないで個別に弁済するのは、どのような理由からなのでしょうか。これは、再生手続の簡素化のためです（伊藤・破産法・民事再生法九二二頁）。会社更生と同様に、「優先的再生債権」という概念を立てるとすれば、再生計画案についての決議の際に「一般の再生債権」とは別に「優先的再生債権」の組を分け、決議を行う必要があります（本書七九頁参照）。それが手続を複雑にし、比較的小規模な事業体などを適用対象として想定している民事再生の目的に沿わないと立法者が判断した結果です。一般優先債権は、

「優先的再生債権」ではないことに注意してください。なお、特別清算における一般の優先権がある債権も同様です。

特定財産上の担保権

民法典に規定がある特別の先取特権、質権、抵当権は、いずれも特定の目的物の価値を把握し、他の債権者に先立って弁済を受ける権利です。その優先弁済権を実現するために換価（担保権実行）権も認められています。民法典に規定のない非典型担保、つまり所有権留保や譲渡担保についても、同様です。企業が現在保有し、将来保有することがあるべき動産や債権の集合を担保目的物とする、集合動産担保とか集合債権担保と呼ばれる形態もありますが（伊藤・破産法・民事再生法四九四頁、伊藤・会社更生法・特別清算法二二三頁）、個別財産として特定するのに代えて、集合財産として特定しているといえるでしょう。

もっとも、最近は、包括担保とか事業価値担保という概念を立て、ある事業体が保有する有形・無形の資産をすべて担保の目的物とし、強制的な事業譲渡による換価を認めるべきであるとの考え方が出てきていますので、特定財産上の担保と総財産上の担保の境界線が曖昧になるのかもしれません。これは将来の問題ですが、このような制度ができると、事業価値のすべてを吸い込むブラックホールのような存在となり、商取引先などの一般債権者との利益の調整が難しくなるおそれがあります。

このように、特定財産上の担保権は、目的物の価値からの優先弁済権とそれを実現するための換価権の二つの権能から成り立っていますが、法的整理との関係では、この二つの権能を制限するのか、制限するのであれば、どのような手法によるのかは、それぞれの手続の目的や手続構造によって異なります。

2　別除権——担保権実行の尊重と限界

別除権とは耳慣れない言葉ですが、多くの法律用語と同じく、明治期の立法において参考としたドイツ法やフランス法の訳語の一つです。別除の語源は、ドイツ語の Absonderung にあり、切り離すことを意味します。つまり、破産財団(本書三〇頁)所属の他の財産とは切り離して目的物の価値から満足を受ける権利ということですね。

破産法二条九項は、「この法律において「別除権」とは、破産手続開始の時において破産財団に属する財産につき特別の先取特権、質権又は抵当権を有する者がこれらの権利の目的である財産について第六十五条第一項の規定により行使することができる権利をいう」と規定しています。

そして、六五条一項は、「別除権は、破産手続によらないで、行使することができる」と定めています。前頁に述べた「切り離した満足」の意味がお分かりになるでしょう。また、ここにあげられている担保権(特別の先取特権、質権、抵当権)が特定財産を目的物とするものであることは、先ほどの説明で理解いただけたと思います。同じく特定財産を目的物とする所有権留保や譲渡担保についても、六五条一項が類推適用されます。類推適用という用語は、法律の規定が本来予定している対象とは異なるが、法的性質が類似していることを理由に、その規定を適用するという意味です。

破産手続によらないで行使することができるとは、これらの担保権に含まれている優先弁済権と換価権が破産手続による制約を受けないことを意味します。つまり、担保権者としては、目的物の競売などの手続をとるか(民事執行法一八〇条以下)、目的物の引渡しを受けて自ら売却するかなどの手段によって換価を実行し、その代金から優先弁済を受けることができます。

民事再生法五三条一項および二項も、破産法二条九項および六五条一項とほぼ同趣旨の規定です。

別除権行使に対する制約——破産における担保権消滅許可の申立て

このように、別除権者である担保権者は、破産手続に拘束されずに裁判上の競売手続による換価(売却)権を行使し、優先弁済権を実現する地位を認められています。しかし、それでは、破産管財人の側も、別除権者の側も困ることがあるのです。それは、別除権の目的物といえども、破産財団を構成する財産であることによるものです。土地建物を売却するといっても、そこには様々な動産類が置かれていることが普通ですから、売却のためにはそれを片付けてしまう必要があります。しかし、それらの財産はすべて破産管財人の管理下に置かれているわけですから、売却するためには破産管財人の協力をえる必要があります。また、破産管財人の立場からしても、合理的な市場価格より安い値段で売却されてしまうと、破産債権者に対する配当原資が減少するおそれがあります。

たとえば、別除権である抵当権の目的物が工場の土地建物であり、被担保債権額が一億円であるとしましょう。別除権者が裁判上の競売手続によって抵当権を実行(競売)して、土地建物が八〇〇〇万円で売却されれば、その八〇〇〇万円は、別除権者に優先弁済され、残る二〇〇〇万円は、破産債権として別除権者が行使することになります。しかし、裁判上の競売手続によらず、通常の不動産売買の方法によって一億円で売却できれば(これを任意売却といいます)、優先弁済後の残債権は残りません。さらに、一億一〇〇〇万円で売却が成功すれば、一億円を優先弁済した上で、さらに一〇〇〇万円を破産財団に組み込むことができます。このように、別除権の目的物を適切な方法でできる限り高価で売却することは、破産債権者やその利益を代表する破産管財人にとって重大な関心事であり、そのための方策として、法は破産管財人に様々な権限を認めています(伊藤・破産法・民事再生法四七二頁)。

(ア)　担保権消滅許可申立て

その中でもっとも強力な権限は、担保権消滅許可の申立てです(破産法一八六条。伊藤・破産法・民事再生法七一〇頁)。破産管財人が売却の相手方、売却金額、売却金のうち破産財団に組み入れる金額などを定め、裁判所に担保権消滅許可の申立てをします。右の例でいえば、一億円で第三者に売却し、売却代金のうち一〇〇〇万円を破産財団に組み入れ、残九〇〇〇万円を抵当権者に弁済するという申立てです(売却の費用などは省略しています)。これが裁判所によって認められ(破産法一八九条)、買主が一億円を納付すると、抵当権は消滅し(破産法一九〇条四項)、抵当権者に九〇〇〇万円を交付し、残一〇〇〇万円は破産財団に組み入れられます。抵当権者は、一億円の被担保債権のうち一億円－九〇〇〇万円＝一〇〇〇万円を破産債権として行使することになります。結果としては、抵当権者の優先弁済権が九〇〇〇万円分に縮減され、残りの一〇〇〇万円は、担保の付かない破産債権に変わるということですね。

（イ）別除権者の側の対抗手段

このように、担保権消滅許可制度は、破産債権者全体の利益のために別除権者たる担保権の優先弁済権を縮減させるという機能を持つのですが、財産権の保障（憲法二九条一項）との関係が問題になります。そこで、破産法は、売却金額や組入金額について不満を持つ別除権者の側が担保権消滅申立てに対抗するための二つの手段を認めています。

第一は、担保権の実行の申立て（競売）です（破産法一八七条）。これは別除権者である担保権者が持つ換価権の発動ですが、これがなされますと、担保権消滅許可の申立てに対する許可決定ができませんので（破産法一八九条一項柱書前半部分）、担保権者の換価権が優先するといえるでしょう。ただし、競売による売却価額は任意売却（本書一四五頁）の価額と比較すると低いのが通常ですので、この手段は、担保権者にとっていわば伝家の宝刀で、申立てにあたって破産管財人と担保権者との間の事前協議が義務づけられていることもあり（破産法一八六条三項七号）、担保権消滅許可の申立ての内容がよほど不合理と受け止められる場合以外には、使われることはありません。

第二は、担保権消滅許可の申立てを前提として、破産管財人が予定する買受人に代わって、担保権者自らがより高価(五%以上)で買い受けるとの申出をすることです(破産法一八八条)。売却金額が不当に安いとか、組入金額が不当に高いという不満を持つ担保権者は、買受けの申出によって自ら買受人になることができます。第一の担保権の実行の申立てが担保権消滅許可の申立てそのものを覆す手段であるのに対し、買受けの申出は、それを前提として、担保権者が自らの利益を守る手段であるといえましょう。

以上が制度の概要ですが、実際には、破産管財人と担保権者とが協議を尽くし、担保目的物の売却金の一定額を破産財団に組み入れることを条件として、破産管財人が目的物を任意売却することが通例です。担保権者としても、物件の売却には相当の費用と手数がかかることから、破産管財人に売却を委ね、優先弁済については合理的な範囲で譲歩をするのが得策と判断することが少なくありません。

民事再生における別除権——担保権消滅許可と別除権協定の役割

特定財産上の担保権（以下、単に担保権といいます）は、会社更生では更生担保権とされ（会社更生法二条一〇項）、更生手続によらない権利行使をすることができません（本書七四頁）。これは、手続によらない権利行使が、更生会社の事業の維持更生（会社更生法一条）を妨げると判断されたためですが、そのことが更生計画案の決議手続などを複雑にしていることも否定できません（本書七九頁）。

これと比較すると、同じく事業や経済生活の再生を目的とする手続である民事再生においては、特定財産上の担保権は別除権とされ（民事再生法五三条一項）、再生手続によらない権利行使の機会を保障されています（同条二項）。同じく再生型手続（本書一六頁）であるにもかかわらず、会社更生と異なって担保権を手続に組み込まず、清算型手続である破産手続と同様に、別除権として扱い、手続外の権利行使の機会を保障するのは、手続の簡素化のためであることはすでに説明したとおりです（本書八〇頁）。

しかし、再生債務者の重要財産に設定されている担保権が実行されたのでは、再生の実現は不可能ですね。そこで、民事再生法は、破産と同様に担保権消滅許可制度を設けていますが、実際上は、再生債務者等と別除権者との間の合意にもとづく別除権協定の方がよく用いられているようです。

（ア）担保権消滅許可制度

民事再生法一四八条一項は、「当該財産が再生債務者の事業の継続に欠くことのできないものであるときは、再生債務者等は、裁判所に対し、当該財産の価額に相当する金銭を裁判所に納付して当該財産につき存するすべての担保権を消滅させることについての許可の申立てをすることができる」（傍線は筆者による）と規定しています。担保権を消滅させるという効果こそ共通していますが、破産の場合には、より高価で換価し、売却金の一部を破産財団に組み込むことが目的であるのに対し、民事再生の場合には、再生債務者がスポンサーと呼ばれる資金提供者から資金の提供を受け、目的物の価額に相当する金銭を担保権者に交付して、担保権を消滅させ（民事再生法一五二条）、その財産を再生債務者の事業活動の基礎として保持するのが目的です。

ですから、担保権者としては、再生債務者等が提示した目的物の価額を争うことはできますが（民事再生法一四九条～一五一条）、破産の場合と異なって、担保権を実行する方法で対抗することはできません（伊藤・破産法・民事再生法一〇三九頁）。

なお、会社更生においても、担保権消滅許可制度が存在します（会社更生法一〇四条。伊藤・会社更生法・特別清算法五六一頁)。会社更生では、担保権を更生担保権として手続内に組み込んでしまい、破産や民事再生のような別除権、つまり手続によらない担保権の行使を認めず、担保権は凍結状態になるにもかかわらず、なぜ担保権を消滅させる必要があるのか、不思議に感じられるかもしれませんね。もちろん、更生計画によって担保権を消滅させることはできるのですが、その前に事業譲渡などをする必要が生じたときに、その中に含まれている資産上の担保権を消滅させる場合などが考えられます。

(イ)　別除権協定

別除権協定とは、民事再生の手続遂行主体である再生債務者等と別除権者との間の合意です。別除権の行使としての担保権の実行を阻止しようとするときには、(ア)に述べた担保権消滅許可制度を利用することもできますが、目的物の価額に関する争いを裁判手続で解決するための時間などを考えますと、むしろ別除権者との合意にもとづいて担保権を消滅させたり、別の目的物に変換したり、被担保債権の弁済の時期や額などを定める方が合理的である場合が多いと思われます。そのために用いられるのが別除権協定であり、実務に定着しています(伊藤・破産法・民事再生法九六八頁)。

第10章　互いに同種の債権を持ち合う二人の関係

——相殺に対する法的整理の規律

相殺《そうさい》という言葉があります。日常でも用いられることがありますが、元来は、別除権（本書一四三頁）と同様に、明治期の翻訳法律用語と思われます。フランス語でいえば、compensa-tion, ドイツ語でいえば、Aufrechnung でしょうか。日常用語の語感からすれば、差し引くこととか、打ち消し合うことに近いでしょう。利益と損失を相殺すれば、利益の方が多いというような表現です。法律用語でも、損益相殺とか過失相殺（民法七二二条二項）という概念があります。

それでは、ここでの相殺において差し引いたり、打ち消し合うのは何でしょうか。それは、二人が相互に相手方に対して持つ債権です。民法五〇五条一項本文は、「二人が互いに同種の目的を有する債務を負担する場合において、双方の債務が弁済期にあるときは、各債務者は、その対当額について相殺によってその債務を免れることができる」と規定しています。同種の目的を有する債務としては、金銭支払義務が代表的なものですが、AがBに対して一〇〇〇万円を貸し付け、BがAに対して代金一〇〇〇万円で不動産を売り渡したとします。債権債務という視点からすると、AはBに対して一〇〇〇万円の貸金債権を持ち、BはAに対して一〇〇〇万円の売買代金債権を持つことになります。この場合に相互に一〇〇〇万円を弁済する手間を省略し、AまたはBが相手方に対して相殺の意思表示をすると（民法五〇六条一項前段）、双方の債務が消滅します。これが簡易決済の手段としての相殺の機能ですね。

それでは、Aは十分な資力があるのに対し、Bは無資力の状態に陥っていたとしたらどうでしょう。AのBに対する貸金債権は無価値かそれに近いものであるのに対して、BのAに対する売買代金債権は一〇〇〇万円の価値があります。このときに相殺の手段がなかったらどうなるでしょう。AはBに一〇〇〇万円を支払わなければならないのに対して、無資力のBからは弁済を受けられないでしょう。英語に、judgment proof という言葉があります。water proof（防水）と同種の表現で、Bは、支払いを命じる判決を受けてもビクともしない、つまり無資力という意味です。しかし、相殺の手段を用いれば、Aは、Bに対して相殺の意思表示をすることによって、売買の目的物を保持したまま一〇〇〇万円の代金支払義務を免れるワケですから、自分の一〇〇〇万円の貸金債権を全額回収したのと経済的に同じ利益を享受できるのですね。

1　相殺の担保的機能——民法五一一条が意味するもの

これが相殺の担保的機能と呼ばれるもので、相殺の意思表示を通じて、無価値または回収困難になっている自らの債権(自働債権といいます)を消滅させるのと引換えに、価値のある相手方の債権(受働債権といいます)を消滅させ、債務を免れることによって、自らの債権を回収したのと同様の経済的利益をうることを意味します。一番分かりやすい例は、金融機関が貸金債権を自働債権とし、預金債権を受働債権としてする相殺でしょう。相殺によって貸金債権は消滅しますが、預金債権も消滅しますので、結果としては、預金を返還する必要はなくなり、自らの貸金債権の満足にあてることができます。

そこで、担保的機能の意味をもう一歩立ち入って考えてみましょう。担保とは、設定者の財産について他の債権者に優先して弁済を受ける地位を意味する、債権者平等の原則の例外です。それは、法が担保権と認めるものに限られることは一三八頁に述べた通りです。それでは、担保的機能とはなんでしょうか。担保ではないが、担保に似た効果を認められる手段といいかえることもできるでしょう。相殺にこのような担保的機能を認めるべきかどうかについては、古くから議論があったのです。一五四頁に述べた例に即していえば、ＢのＡに対する売買代金債権は、Ｂの責任財産(一般債権者への弁済原資となるべき財産)の一部ですね。つまり、Ａ以外のＢの債権者もそれを自分の債権に対する弁済原資として当てにしているワケです。しかし、Ａによる相殺が行われれば、ＢのＡに対する債権は、一五五頁に述べたように、もっぱらＡのＢに対する債権の満足に充てられ、いわばＢのＡに対する債権の価値をＡが独占することになります。民法典に定めがないにもかかわらず、こうした担保的機能、いいかえれば責任財産を構成する財産価値を独占することを認めてよいのでしょうか。

平成二九年改正前の民法五一一条

平成二九年改正前の民法五一一条は、「支払いの差止めを受けた第三債務者は、その後に取得した債権による相殺をもって差押債権者に対抗することができない」と定めていました。一読したところでは分かりにくい規定ですが、ＡとＢに加えて、Ｂに対して請負代金債権を持つＣがＢのＡに対する売買代金債権を差し押さえた(民事執行法一四三条)という状況を考えてください。「支払いの差止を受けた第三債務者」とは、Ａを意味します。なぜなら、ＣによってＢのＡに対する債権が差し押さえられると、ＡはＢに対する債務を弁済してはならないという効

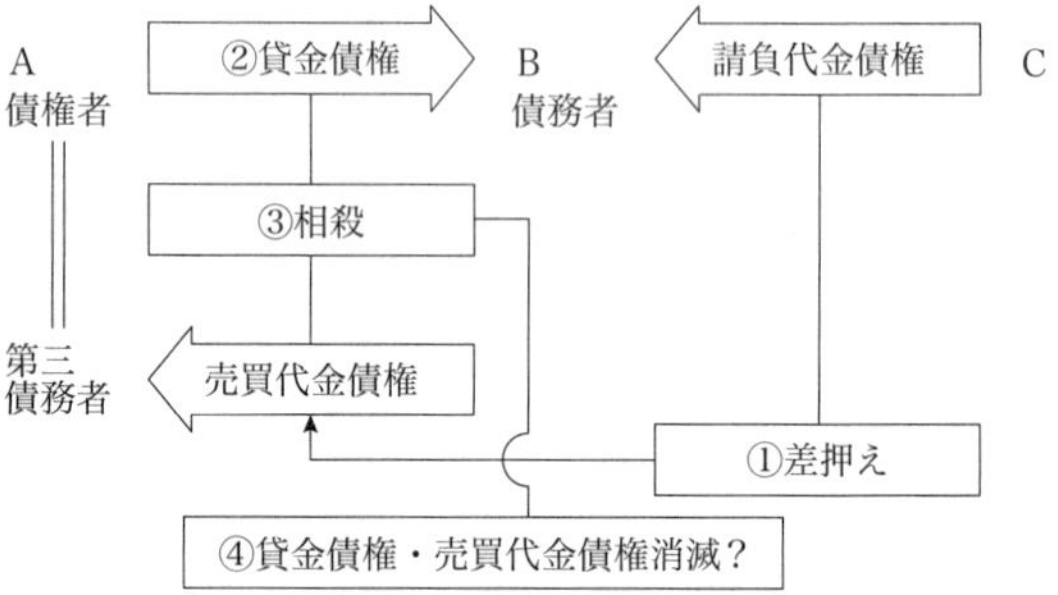

力が生じるからです（民事執行法一四五条一項）。このような意味で、債権者Cからみて、Bを債務者、Aを第三債務者といいます。

次に、「その後に取得した債権をもって差押債権者に対抗することができない」というのは、Aは、Cによる差押えの効力が生じた後にBに対して取得した貸金債権を自働債権として、BのAに対する債権を受働債権とする相殺の効力を差押債権者Cに対して主張できないことを意味します。なぜなら、BのAに対する債権の価値はCが差押えによって把握してしまっていますから、Aがその後にBに対して取得した債権をもって相殺することは、Cによる差押えを無意味にしてしまうからですね。

それでは、Cによる差押え前にAがBに対して取得していた債権を自働債権とする相殺は制限を受けないのでしょうか。この点については、考え方の対立がみられましたが、最高裁の判例は、無制限説、つまり差押え前にAが取得した債権でありさえすれば、それを自働債権とする相殺の効力をCに対して主張することは制限を受けないとする考え方をとっていました。

平成二九年改正民法五一一条——相殺の担保的機能の強化

以上の説明を前提とすると、改正民法五一一条一項が「差押えを受けた債権の第三債務者は、差押え後に取得した債権による相殺をもって差押債権者に対抗することはできないが、差押え前に取得した債権による相殺をもって対抗することができる」と規定することの意味がお分かりいただけると思います。改正民法の立法者は、無制限説を明らかにしたワケですね。こうなると、相殺の担保的機能は、いっそう強化されたといえます。

加えて、同条二項本文は、「前項の規定にかかわらず、差押え後に取得した債権が差押え前の原因に基づいて生じたものであるときは、その第三債務者は、その債権による相殺をもって差押債権者に対抗することができる」と定めています。これは、破産法の規定内容を民法に取り入れたものですが、差押え後に取得した債権であっても、一定の条件を満たせば相殺の自働債権とすることができるわけですから、相殺の担保的機能をより強化したものということができます。

しかし、同条二項但書は、「ただし、第三債務者が差押え後に他人の債権を取得したときは、この限りでない」と定めています。どうして他人の債権を取得し、それを自働債権とする相殺は許されないのでしょうか。この規定も破産法にならったものですので、説明は次に回すことにします。

2　法的整理における相殺禁止

さて、法的整理において相殺に関してどのような規定が設けられているかの説明に入ります。否認権(本書一二〇頁)と同様に、相殺に関する規定の内容は、破産、民事再生、会社更生で共通しており、加えて、否認規定をもたない特別清算も、相殺については他の法的整理と共通する規定を設けていますので(会社法五一七・五一八条。伊藤・会社更生法・特別清算法九一三頁)、ここでは破産を例として説明します。

なお、破産手続における相殺といっても、自働債権と受働債権の性質に応じて様々なものが含まれますが(伊藤・破産法・民事再生法五〇二頁)、ここでは、破産債権(本書三六頁)を自働債権、破産債権者が破産財団(本書三〇頁)に対して負担する債務を受働債権とする相殺に限定します。つまり、破産債権者の側から破産管財人に対して相殺の意思表示をする場合ですね。

破産債権と破産手続開始時の債務負担の基本原則

破産法六七条一項は、「破産債権者は、破産手続開始の時において破産者に対して債務を負担するときは、破産手続によらないで、相殺をすることができる」と規定します。ここで「破産手続によらないで」とは、別除権に関する破産法六五条一項「別除権は、破産手続によらないで、行使することができる」(本書一四四頁)と同様に、相殺権の行使が破産手続による拘束を受けないことを意味します。ただし、注意しなければならないのは、①自働債権が自らの破産債権でなければならないことと、②破産手続開始時に負担している債務でなければならないことです。①の点に関する近時の問題として、破産者に対して債務を負担する親会社が子会社の破産債権を自働債権として用いてする相殺が許されるかという議論がありますが、相殺権の範囲が拡がりすぎることを懸念して、これを否定する見解が支配的です(伊藤・破産法・民事再生法五〇一頁注九六)。

(ア)　他人の破産債権の取得

それでは、自働債権が自らの破産債権であれば、無条件に相殺権の行使が許されるのでしょうか。破産法七二条一項一号は、相殺禁止の一つとして、「破産手続開始後に他人の破産債権を取得したとき」を定めています。破産債権であるにもかかわらず、なぜ他人の破産債権を取得した場合は、相殺が許されないのでしょうか。それは、この場合には、破産手続開始時には債権者平等の原則を修正してまで保護されるべき相殺の期待がないからです。一五四頁にあげた例で、AがB（破産者）に対して一〇〇〇万円の代金支払債務を負担しており、破産手続開始時にAはBに対する債権をもたず、したがって、相殺をすることはできなかったとします。ところが、DがBに対して一〇〇〇万円の債権をもっていることを知り、AがDからそれを譲り受けて、相殺を主張できるでしょうか。

もし相殺が認められるとすれば、Aは、Dから譲り受けた無価値または価値の少ないBに対する債権を自働債権として相殺をすることによってBに対する一〇〇〇万円の債務を免れることができます。これは、債権者平等の原則にも反しますし、また破産財団所属財産（BのAに対する売買代金債権）をなくしてしまうという意味で、破産債権者の利益を害する行為ということもできますね。この種の相殺が禁止される理由です。

なお、破産債権は、破産手続開始前の原因にもとづいて生じた財産上の請求権ですから（破産法二条五項）、破産手続開始後に自ら破産債権を取得することは考えにくいのですが、例外的な場合もあります。そのときには、破産法七二条一項一号の類推適用（本書一四四頁）の問題になります（伊藤・破産法・民事再生法五二六、五三一頁）。

（イ）破産手続開始後の債務負担

相殺禁止の別の類型として、「破産手続開始後に破産財団に対して債務を負担したとき」（破産法七一条一項一号）があります。破産債権者が破産手続開始後に破産財団に対して債務を負担する例としては、破産財団所属の財産を破産管財人から買い受けて、代金支払債務を負担することなどが考えられます。このようなときに相殺を認めることは、その破産債権者に不当な利益を与えることになりますし、他の破産債権者との平等を害するために、相殺を禁止しているのです。

危機時期における破産債権取得や債務負担にもとづく相殺の禁止

ここまでは、破産手続開始後の自働債権取得や受働債権負担を理由とする相殺禁止を説明しましたが、破産者の資力低下は、それ以前の支払不能状態の発生、支払停止や破産手続開始申立ての時点から始まっていますから、債権者平等を実現し、破産財団に所属すべき財産を確保するためには、破産手続開始前の破産債権取得や債務負担についても、相殺を禁止する必要があります。しかし、一律に相殺を禁止することは、相殺の担保的機能をそこなう恐れがあります。

そこで立法者は、自働債権たる破産債権の取得については、支払不能や支払停止などの事実発生後という時期を設定し、それらの事実についての相殺権者側の認識を条件として相殺を禁止し（破産法七二条一項）、加えて、自働債権の取得の原因を理由として相殺を許容する例外（同二項）を設けています（伊藤・破産法・民事再生法五三三頁）。

受働債権たる破産財団に対する債務負担についても同様です。支払不能や支払停止などの事実発生後という時期を設定し、それらの事実についての相殺権者側の認識を条件として相殺を禁止し（破産法七一条一項）、加えて受働債権たる債務の負担の原因を理由として相殺を許容する例外（同二項）を設けています（伊藤・破産法・民事再生法五一七頁）。

おわりに

一八頁に述べた通り、破産は、ローマの時代から二〇〇〇年に近い歴史を持ち、再生型手続である民事再生や会社更生も、その源流であるアメリカ法をさかのぼれば、世紀を超えて発展してきたものです。平成八年(一九九六年)から開始された倒産法の全面改革の中で誕生した、破産法、民事再生法、会社更生法、特別清算法(会社法)は、その現代版というべきものですが、より迅速な事業再生や清算の実現を求める立場からは、コロナ不況下の経済情勢を踏まえ、金融機関を中心とした私的整理の変革を求める声も上がっています。具体的には、全員の合意にもとづいて成立する私的整理の拘束力を強化し、「多数決による金融債権整理制度」として、全員の合意がなくとも、一定の要件を備えれば、裁判所の認可を経ることによって、金融機関の債権の期限や金額の変更を可能にしようとする提言もなされています。

私自身は、多数決による権利変更、つまり少数反対者の意思に反する権利変更は、あくまで民事再生や会社更生という裁判所が主宰する法的整理によって行うべきものであり、商取引債権者の保護などの課題は、民事再生法や会社更生法の改正によって対応すべきものと考えていますので、こうした近時の提言には懐疑的です。裁判所の認可を介在させるといっても、それまでの手続が適正に行われているのか、否認（本書第8章）や相殺禁止（本書第10章）に関わる問題が放置されてしまう結果にならないかと懸念しています。

また、担保権の取扱い（本書第9章）に関しても、最近、目的物を特定することなく、担保権者が動産、債権、知的財産権などの事業用資産を包括的に担保目的物とし、しかもその地位を一般債権者はもちろん、他の担保権者にも優先させるべきであるとの提言がなされています。

これについても私は、債務者の事業が産み出し、また将来にわたって産み出すであろう価値を特定の担保権者が独占することは、かえって取引先、従業員、金融機関が協力して事業の再生を図るという基本理念に反すると考えています。

しかし、いずれにしても、ごく近い将来において右のような提言が経済社会において議論の対象となり、場合によっては、法改正の是非が検討されることは間違いないと思います。読者の皆様がそうした問題をお考えになる際に本書が多少のご参考になれば幸いです。